全国高等教育自学考试指定教材

学习包

U0876565

ZHENGZHI JINGJIXUE

政治经济学（财经类）

学程教育◎主编

中国人民大学出版社

·北京·

图书在版编目（CIP）数据

政治经济学．财经类/学程教育主编．-- 北京：中国人民大学出版社，2020.6
全国高等教育自学考试指定教材学习包
ISBN 978-7-300-28196-4

Ⅰ.①政… Ⅱ.①学… Ⅲ.①政治经济学-高等教育-自学考试-自学参考资料 Ⅳ.①F0

中国版本图书馆 CIP 数据核字（2020）第 094672 号

全国高等教育自学考试指定教材学习包
政治经济学（财经类）
学程教育 主 编
Zhengzhi Jingjixue (Caijinglei)

出版发行	中国人民大学出版社		
社　　址	北京中关村大街 31 号	**邮政编码**	100080
电　　话	010－62511242（总编室）		010－62511770（质管部）
	010－82501766（邮购部）		010－62514148（门市部）
	010－62515195（发行公司）		010－62515275（盗版举报）
网　　址	http://www.crup.com.cn		
经　　销	新华书店		
印　　刷	天津中印联印务有限公司		
规　　格	185 mm×260 mm　16 开本	**版　　次**	2020 年 6 月第 1 版
印　　张	10	**印　　次**	2020 年 6 月第 1 次印刷
字　　数	205 000	**定　　价**	32.00 元

出版前言

21 世纪是一个变幻莫测的时代，是一个催人奋进的时代。抓住机遇，寻求发展，适应变化，战胜挑战的制胜法宝就是学习——内在自驱，终身学习。

作为我国高等教育组成部分的自学考试，其职责就是在高等教育层次上倡导自学、鼓励自学、帮助自学、推动自学，为每一个自学者铺就成才之路。组织编写供读者学习的教材就是履行这个职责的重要环节。毫无疑问，这类教材应当适合自学，应当有利于学习者了解和掌握新知识、新信息，有利于学习者形成自学能力、培养实践能力、增强创新意识，也有利于学习者学以致用，解决实际工作中所遇到的问题。为帮助广大考生快速掌握重要考点，以较短的备考时间顺利通过考试，赢在提升学历的起跑线上，北京学程教育科技有限公司以对高等教育自学考试事业极端负责、对考生极端热忱的工作精神，组织相关人员编写了本教材。

《政治经济学》（财经类）是全国高等教育自学考试专业课程，是为培养自学考生马克思主义经济理论的基本知识和应用能力而设置的，主要学习一定社会生产、分配、交换、消费等的经济活动、经济关系、经济规律，具有很强的理论性和逻辑性。

本教材编委会在全国高等教育自学考试指定教材的基础上，通过研究最新考试大纲和历年考试真题，悉心编写了本教材。本教材具有以下五大特色：

➢ **学有章法，高效记忆**

针对每个章节中的知识点进行星级标注，★★★为高频考点（一级知识点）；★★为中频考点（二级知识点），★为一般考点（三级知识点）。与此同时，对每个考点中的关键内容用波浪线进行了标注，考生可以一目了然地掌握知识精髓，从而由浅入深、层层递进地学习。

➢ **易考易错，了如指掌**

每个知识点后设有“易考点”栏目，每章后设有“难点回顾”栏目，这两个栏目更好、更全面地总结归纳了“前车之鉴”，便于考生在多次巩固重点的过程中掌握易考易错点，少走弯路，轻松复习。

➢ **真题演练， 解析再现**

每章末尾均设有“真题演练”及“答案解析”栏目。实践是检验真理的唯一标准，考生学完“干货”后，需要“实操”把关。练习环节便于考生在学完本章内容后及时检验学习成果，再次强化记忆重点。

➢ **笔记随想， 学习有样**

每个知识点旁均设有专属笔记区，设计人性化，考生可以边学边记，实现一书多用，让自学之路的点滴都有所依、有所属。更重要的是，错题和知识点也有了“正规”的“住处”，考生再次复习时，可快速回忆起问题点，找到学习的乐趣。

➢ **名师伴读， 在线提分**

每章配有一个易考点或难点内容的视频讲解。考生打开微信扫描二维码，即可观看视频。名师伴读，在线提分，让考生更方便、快捷、高效地学习。

学无止境，“过”有定法。既然选择了远方，就只有风雨兼程；只要你的心不拒绝奔跑，任何地点都可以成为起点。希望广大考生从一开始就树立起依靠自己学习的坚定信念，不断探索适合自己的学习方法，充分利用我们提供的复习资料和技巧，结合实际工作经验，最大限度地发挥自己的潜能，达到学习目标。

祝每一位考生自学成功，“试”在必得！

由于时间仓促，加之水平有限，本教材中的不当或者疏漏之处在所难免，恳请专家和读者批评指正。

编委会

2020 年 5 月

目录

第二篇　资本主义经济制度及其运行

第三篇　社会主义经济制度及其运行

导　论

备考指南

导论部分需要理解：政治经济学属于理论经济学，是马克思主义的重要组成部分之一，是马克思主义理论最深刻、最全面、最详细的证明和运用。学习时要把握政治经济学的研究对象、研究任务和研究方法，认识政治经济学是一门揭示以社会化大生产为基础的社会生产关系及其经济运行客观规律的科学，也是一门随时代发展而不断发展的科学。

导论部分从政治经济学的产生和发展入手，讲解该学科的研究目标、研究范围及对象，重要程度为★★，多以单选题、多选题、辨析题形式出现，复习时，需要牢记重要人物、时间及相关事件，知识点中画线部分需反复记忆，可充分利用书中"小笔记"部分进行书写，确保熟记于心，自如运用到考试中。

学习目标

通过本章的学习，您将掌握以下知识点：

1. 物质资料生产是政治经济学研究的出发点；研究对象是生产关系，其性质和状况取决于生产力发展观水平。

2. 科学技术是第一生产力。

3. 生产力、生产关系的内容及其关系；生产力和生产关系的辩证关系。

4. 唯物辩证法是政治经济学的研究方法；马克思主义政治经济学具有与时俱进的理论品质。

PART 1 本章知识宝图

导论部分共五小节，分别用星标做重要程度标注，★★★为高频考点；★★为中频考点；★为一般考点，可循序渐进复习。

- 导论
  - ① 政治经济学的产生和发展★★
    - 1.政治经济学的产生和发展
    - 2.马克思主义政治经济学的创立
    - 3.马克思主义政治经济学的理论品质
  - ② 政治经济学的研究对象★★★
    - 1.政治经济学研究的出发点
    - 2.社会生产关系及其系统
    - 3.社会基本矛盾运动
  - ③ 政治经济学的研究任务★★★
    - 1.经济规律的客观性
    - 2.经济规律的特点和类型
    - 3.经济规律体系和基本经济规律
  - ④ 政治经济学的研究方法★
    - 1.唯物辩证法
    - 2.抽象法
    - 3.逻辑与历史相一致的方法
  - ⑤ 政治经济学的特征及学习意义★
    - 1.阶级性与科学性的统一
    - 2.制度性、社会性与历史性的统一
    - 3.学习政治经济原理的意义

PART 2 名师伴读

本章告诉我们政治经济学有何特点？学习的意义是什么？扫码观看吧！

登录 www. rdlearning. cn 查看完整内容。

PART 3 高频考点

小笔记

考点 001 政治经济学的产生和发展

【★★二级考点，单选、多选】

1. 在西方，最先使用“经济”一词的是古希腊思想家色诺芬（约公元前 430—公元前 355 年）。在《经济论》一书中，他用“经济”一词概括了奴隶主组织和管理奴隶制经济，意思即家庭管理。法国重商主义者

小笔记

安·德·蒙克莱田（1575—1622 年）在 1615 年出版的名为《献给国王和王后的政治经济学》的著作中，首次使用了“政治经济学”的提法。

2. 古典政治经济学家在经济学说史上第一次把经济理论的考察从流通领域转移到生产领域，阐明了经济现象的某些内在联系，从而使经济学建立在科学基础之上。

3. 马克思主义政治经济学是发展的理论，与时俱进是马克思主义政治经济学的理论品质。

本章易考点

1. 最先使用“经济”一词的是古希腊思想家色诺芬；安·德·蒙克莱田首次使用了“政治经济学”的提法。

2. 古典政治经济学家在经济学说史上首次把经济理论的考察从流通领域转到生产领域。

考点 002 政治经济学的研究对象

【★★★一级考点，单选、多选、简答、论述】

1. 人类进行物质资料生产的劳动过程必须具备三个基本要素：

第一，人的劳动，即劳动力的支出。

第二，劳动资料，即劳动手段。它主要是指人们在生产过程中用以改变和影响劳动对象的一切物质手段和物质条件，其中最重要的是生产工具。

第三，劳动对象，即劳动者在生产过程中所加工的一切物质资料。

在上述三个基本要素中，人的劳动是生产中的能动因素，劳动对象和劳动资料的总和构成生产资料，是生产中不可缺少的物质条件。

2. 社会生产关系是政治经济学的研究对象。生产资料所有制形式决定着人们在生产过程中的地位和相互关系，决定着产品的分配、交换和消费形式，从而决定着生产关系。因此，生产资料所有制是生产关系的基础。

3. 政治经济学必须在社会基本矛盾运动中研究社会生产关系。社会基本矛盾包括生产力与生产关系的矛盾、经济基础与上层建筑的矛盾。

4. 在物质资料生产过程中，人与自然的关系表现为生产力。

5. 生产力的构成包括人和物两大要素。人的要素是指有一定生产经验、劳动技能和科学知识的劳动者，物的要素就是指生产资料，其中生产

小笔记

工具占有非常重要的地位，因为生产工具的变革是社会生产力发展的主要标志，也是划分经济发展时期的主要标志。

本章易考点

1. 人类进行物质资料生产的劳动过程需具备三个基本要素：人的劳动、劳动资料、劳动对象。

2. 社会基本矛盾包括生产力与生产关系的矛盾、经济基础与上层建筑的矛盾。

考点 003　政治经济学的研究任务

【★★二级考点，单选、多选、简答、论述】

1. 经济规律与自然规律相比，其特点是：

（1）自然规律赖以产生的自然条件变化时间很长，因为自然规律一般长久不变；经济规律赖以产生的经济条件可能较快地变化，因此经济规律也会随着变化。

（2）自然规律可以离开人们的活动独立存在并发生作用，而经济规律总是和人们的经济生活相联系。

（3）在阶级社会中，自然规律的发现和利用没有阶级性，而经济规律的发现和利用总是要直接或间接涉及阶级利益。

2. 经济规律的种类：

（1）一切社会形态共有的经济规律。如生产关系一定要适应生产力的规律。

（2）几个社会形态共有的经济规律。如价值规律。

（3）某一个社会形态特有的经济规律。如剩余价值规律。

考点 004　政治经济学的研究方法

【★三级考点，单选】

唯物辩证法是政治经济学研究的根本方法。

考点 005　政治经济学的特征及学习意义

【★三级考点，单选、多选】

马克思主义政治经济学既是一门揭示社会经济发展规律的科学，又是一门代表无产阶级利益和具有无产阶级鲜明阶级性的科学，它实现了科学性和阶级性的高度统一。

小笔记

本章易考点

1. 自然规律一般长久不变，经济规律随经济条件而变化；自然规律可离开人，经济规律与人相联系；自然规律无阶级性，经济规律直接或间接涉及阶级利益。

2. 唯物辩证法是政治经济学研究的根本方法。

3. 政治经济学实现了科学性与阶级性的高度统一。

PART 4 难点回顾

- 物质资料生产是政治经济学研究的出发点。
- 政治经济学的研究对象是生产关系。
- 生产关系的性质和状况取决于生产力水平。
- 科学技术是第一生产力。
- 生产关系的内容及其关系。
- 生产力和生产关系的辩证关系。
- 唯物辩证法是政治经济学的研究方法。
- 马克思主义政治经济学有与时俱进的理论品质。

过考百科

政治经济学的内涵

政治经济学（Political Economy），广义地说，是研究社会生产、资本、流通、交换、分配和消费等的经济活动、经济关系和经济规律的学科。第一个使用“政治经济学”这个词语的人是法国的安·德·蒙克莱田，他于1615年出版了《献给国王和王后的政治经济学》一书。亚当·斯密认为是研究“国民财富的产生和分配”的科学，目前国际普遍用宏观经济学这个词来代替。

PART 5 真题演练

一、单选题

1. △【2013年7月】在经济学说史上，第一次把经济理论的考察从流通领域转移到生产领域的是（　　）

A. 重商主义学说　　　　B. 古典政治经济学

C. 庸俗政治经济学　　D. 马克思主义政治经济学

2. △【2014 年 7 月】在西方，最先使用“经济”一词的是（　　）

A. 斯密　　B. 色诺芬　　C. 李嘉图　　D. 亚里士多德

3. 【2014 年 10 月】首次使用政治经济学一词的是（　　）

A. 斯密　　B. 李嘉图　　C. 马克思　　D. 蒙克莱田

4. 【2014 年 4 月】社会生产力发展的主要标志是（　　）

A. 劳动者技能的提高　　B. 劳动对象的改善

C. 分工协作的加强　　D. 生产工具的变革

5. 【2014 年 4 月】劳动对象和劳动资料的总和构成（　　）

A. 生产方式　　B. 生产资料　　C. 经济基础　　D. 上层建筑

6. 【2014 年 7 月】在物质资料生产过程中，人与自然的关系表现为（　　）

A. 生产力　　B. 生产关系　　C. 交换关系　　D. 消费关系

7. △【2015 年 4 月】马克思主义政治经济学的研究对象是（　　）

A. 生产力　　B. 生产关系　　C. 经济体制　　D. 经济运行机制

8. △【2015 年 4 月】一切社会经济形态共有的经济规律是（　　）

A. 价值规律　　B. 剩余价值规律

C. 按劳分配规律　　D. 生产关系一定要适合生产力性质的规律

9. 【2015 年 4 月】生产关系的基础是（　　）

A. 生产方式　　B. 生产资料所有制　　C. 社会分工　　D. 上层建筑

本章易错题

2、3、5、8、9，需要牢牢掌握知识点，认真审题，避免作答失误。

△表示为高频考点。

二、主观题

1. 简述人类进行物质资料生产的劳动过程必须具备的三个基本要素。

2. 简述经济规律与自然规律相比，经济规律的特点。

PART 6 答案解析

一、单选

1. 答案：B

解析：古典政治经济学家在经济学说史上第一次把经济理论的考察从流通领域转移到

生产领域，阐明了经济现象的某些内在联系，从而使经济学建立在科学基础之上。

2. 答案：B

解析：在西方，最先使用“经济”一词的是古希腊思想家色诺芬（约公元前 430—公元前 355 年）。在《经济论》一书中，他用“经济”一词概括了奴隶主组织和管理奴隶制经济，意思即家庭管理。

3. 答案：D

解析：法国重商主义者安·德·蒙克莱田（1575—1622 年）在 1615 年出版的名为《献给国王和王后的政治经济学》的著作中，首次使用了“政治经济学”的提法。

4. 答案：D

解析：生产力的构成包括人和物两大要素。人的要素是指有一定生产经验、劳动技能和科学知识的劳动者，物的要素就是指生产资料，其中生产工具占有非常重要的地位，因为生产工具的变革是社会生产力发展的主要标志，也是划分经济发展时期的主要标志。

5. 答案：B

解析：第一，人的劳动，即劳动力的支出。第二，劳动资料，即劳动手段。它主要是指人们在生产过程中用以改变和影响劳动对象的一切物质手段和物质条件，其中最重要的是生产工具。第三，劳动对象，即劳动者在生产过程中所加工的一切物质资料。在上述三个基本要素中，人的劳动是生产中的能动因素，劳动对象和劳动资料的总和构成生产资料，是生产中不可缺少的物质条件。

6. 答案：A

解析：在物质资料生产过程中，人与自然的关系表现为生产力。

7. 答案：B

解析：社会生产关系是政治经济学的研究对象。

8. 答案：D

解析：(1) 一切社会形态共有的经济规律，如生产关系一定要适应生产力性质的规律；(2) 几个社会形态共有的经济规律，如价值规律；(3) 某一个社会形态特有的经济规律，如剩余价值规律。

9. 答案：B

解析：生产关系的基础是生产资料所有制。

二、主观题

1. 简述人类进行物质资料生产的劳动过程必须具备的三个基本要素。

答：

第一，人的劳动，即劳动力的支出。

第二，劳动资料，即劳动手段。它主要是指人们在生产过程中用以改变和影响劳动对象的一切物质手段和物质条件，其中最重要的是生产工具。

第三，劳动对象，即劳动者在生产过程中所加工的一切物质资料。

在上述三个基本要素中，人的劳动是生产中的能动因素，劳动对象和劳动资料的总和构成生产资料，是生产中不可缺少的物质条件。

2. 简述经济规律与自然规律相比，经济规律的特点。

答：

（1）由于自然规律赖以产生的自然条件变化时间很长，自然规律一般长久不变；而经济规律赖以产生的经济条件可能较快地变化，因此经济规律也会随着变化。

（2）自然规律可以离开人们的活动独立存在并发生作用，而经济规律总是和人们的经济生活相联系。

（3）在阶级社会中，自然规律的发现和利用没有阶级性，而经济规律的发现和利用总是直接或间接涉及阶级利益。

恭喜你完成了导论部分的学习，全书章节已完成 1/13。前路漫漫，岁月悠悠，愿流年笑掷，愿未来可期。在此，记录下你的学习心得吧。

第一篇

商品经济的基本原理

第一章　经济制度的变革与经济体制的演变

备考指南

本章考察经济制度的变革与经济体制的演化，阐述社会经济制度与经济运行的一般规律。理解社会基本矛盾运动规律，掌握商品经济是人类社会经济发展不可逾越的阶段。了解合理配置资源是一切社会生产共同的要求，认识采用何种经济体制、模式取决于能否促进社会生产力更快地发展。懂得经济制度是一定社会形态的最本质的经济关系，是经济体制的基础，以及经济体制反映经济制度的基本要求，它既受经济制度的制约，也受其他因素的影响。

本章重要程度为★★★，多以单选题、多选题、辨析题、简答题形式出现，复习时，知识点中画线部分需反复记忆，可充分利用书中“小笔记”部分进行书写，确保熟记于心，自如运用到考试中。

学习目标

通过本章的学习，您将掌握以下知识点：

1. 社会基本矛盾的运动是社会经济制度变革的根本原因。
2. 自然经济与商品经济的不同特征。
3. 商品经济与市场经济的关系。
4. 社会化大生产中市场配置方式与计划配置方式的异同。
5. 经济制度与经济体制的关系。

PART 1 本章知识宝图

本章共四小节，分别用星标做重要程度标注，★★★为高频考点；★★为中频考点；★为一般考点，可循序渐进复习。

- 经济制度的变革与经济体制的演变
  - ❶ 经济制度变革的过程及其规律★★★
    - 1.社会基本矛盾与经济制度变革
    - 2.经济制度变革的过程
  - ❷ 自然经济与商品经济★★★
    - 1.自然经济的基本特征
    - 2.商品经济的生产和发展
  - ❸ 资源配置方式与经济体制★★★
    - 1.合理配置资源的必要性
    - 2.市场配置方式和计划配置方式
  - ❹ 经济制度与经济体制★★★
    - 1.经济制度是经济体制的基础
    - 2.经济体制是经济制度的具体实现形式

PART 2 名师伴读

自然经济和商品经济，谁可以独立存在？谁能离开人类社会？扫码观看吧！

登录 www.rdlearning.cn 查看完整内容。

人大芸窗职教学苑名师伴读系列

PART 3 高频考点

考点 006　经济制度变革的过程及其规律

【★★二级考点，单选、多选】

1. 区别不同社会形态的根本标志是社会经济制度。在人类社会由低级向高级不断演进的历史进程中，社会基本矛盾的运动起着决定作用，是社会经济制度变革的根本原因。

2. 社会基本矛盾的运动总是从生产力的变化开始的。生产力和生产关系的矛盾是社会经济制度变革的最基本、最深刻的动力，生产力的变化决定生产关系的变化，并最终推动上层建筑的变化和整个社会形态的

小笔记

进化。

3. 以电、电机和内燃机的发明和利用为标志的第二次科技革命，推动了资本主义从自由竞争阶段进入垄断阶段。

考点 007　自然经济与商品经济

【★★二级考点，二级考点，单选、多选、简答、论述】

1. 自然经济是建立在自然分工的基础上，是与低下的社会生产力水平相适应的。原始社会是完全的自然经济。在原始社会，人们是在血缘家庭和氏族组织的狭小范围内从事集体劳动，实行按性别和年龄进行的自然分工。

2. 自然经济的基本经济特征是：

第一，自然经济是与低下的社会生产力水平相适应的经济形式。

第二，自然经济是一种自给自足的封闭性经济。

第三，自然经济是直接的劳动交换和经济联系形式。

3. 商品经济作为人类社会的一种劳动联系形式和劳动交换方式，不是从来就有的，它是原始社会末期生产力发展到一定程度之后产生的。

4. 商品经济的产生和存在是以一定的经济条件为前提的，这些经济条件主要有：(1) 社会分工。社会分工是商品经济存在的前提，是一切商品生产的一般基础。(2) 生产资料和劳动产品属于不同的所有者。

5. 社会生产力的一定发展水平是商品经济产生和发展的最终决定性因素。简单商品经济产生于原始社会后期。

6. 简述商品经济的基本特征。(多选、简答)

第一，商品经济是以社会化生产为物质基础的经济形式；

第二，商品经济是以等价交换原则为基础的交换经济；

第三，商品经济是通过市场竞争配置社会资源的经济形式。

本章易考点

1. 社会基本矛盾的运动是社会经济制度变革的根本原因。

2. 生产力和生产关系的矛盾是社会经济制度变革的最基本、最深刻的动力。

3. 商品经济的产生和存在的经济条件主要有：社会分工、生产资料和劳动产品属于不同的所有者。

小笔记

考点008　资源配置方式与经济体制

【★三级考点，单选、简答】

1. 在社会化大生产条件下，社会经济资源合理而有效的配置可以通过市场和计划两种方式。

2. 市场经济是与商品经济相区别的范畴，市场经济是从实现社会经济资源合理而有效配置的角度，表明市场机制在社会经济资源配置中起决定性作用。

3. 简述商品经济与市场经济的关系。（简答）

市场经济是商品经济高度发展的产物。有商品生产就必须有商品交换，要进行商品交换就必须有市场。因而，商品经济是市场经济的基础，没有商品经济就没有市场，没有市场也就没有市场经济。但是，商品经济并不等于市场经济。如果商品经济的规模很小，市场机制的作用范围狭小，不能对全社会范围内的经济资源进行配置，在这样的社会经济状况下，虽然存在着商品经济，但不能说已经形成了市场经济。只有当简单商品经济发展到发达商品经济，从而商品经济取代自然经济成为社会占支配地位的经济形式时，生产要素才能够在全社会范围内流动，市场机制才能够在全社会范围内调节生产要素的分配，只有在这样的社会经济条件下，才形成了市场经济。

考点009　经济制度与经济体制

【★三级考点，单选】

1. 社会经济制度是一定社会形态中占统治地位的生产关系的总和，是社会形态中最基本、最本质的经济关系，决定社会形态的根本性质，规定了该社会生产、分配和交换的基本原则，是区分不同社会形态的根本标志。

2. 经济制度决定经济体制的根本性质和主要特点，规定着它的发展方向。

本章易考点

1. 社会经济资源配置的两种方式：计划和市场。
2. 社会经济制度决定社会形态的根本性质。
3. 市场经济是商品经济高度发展的产物。

PART 4 难点回顾

- 社会基本矛盾的运动是社会经济制度变革的根本原因。
- 社会经济制度的变革是不以人的意志为转移的客观历史过程。
- 人类社会经济制度变革的过程。
- 自然经济与商品经济的不同特征。
- 商品经济产生和存在的前提条件。
- 商品经济的发展过程。
- 商品经济与市场经济的关系。
- 社会化大生产中市场配置方式与计划配置方式的异同。
- 经济制度与经济体制的关系。

过考百科

资本主义早期商品经济理论的两个人物

意大利神学家阿奎那（Thomas Aquinas，1225 或 1226—1274）著有《神学大全》，根据“上帝意志”来论证封建农奴制度的合理性，认为上帝创造万物有高低之分，“下等人”应当受“上等人”统治。同时，提出公平价格理论、货币理论、商业理论和利息论，为商品经济的发展作了折中和辩护，有一定历史进步意义。

1492 年，哥伦布（Cristoforo Colombo，约 1451—1506）“发现”美洲大陆之后，国际贸易成为当时西欧主要经济增长点，催生了“重商主义”，是现代西方经济学的萌芽。哥伦布认为：只有金银才是财富，主张促进商业发展，开展国际贸易，实行贸易管制。第一次正面肯定商业和商品经济，堪称“革命性”突破。

PART 5 真题演练

一、单选题

1.【2013 年 7 月】社会经济制度变革的最基本、深刻的动力是（　　）

A. 生产力和生产关系的矛盾　　B. 经济基础和上层建筑的矛盾

C. 自然经济和商品经济的矛盾　　D. 市场经济和计划经济的矛盾

2. △【2013 年 10 月】社会经济制度变革的根本原因是（　　）

A. 商品经济的发展　　B. 社会分工的发展

C. 科学技术的进步　　D. 社会基本矛盾的运动

3.【2014年4月】社会基本矛盾的运动总是从（　　）

A. 经济基础的变化开始　　B. 上层建筑的变化开始

C. 生产力的变化开始　　D. 生产关系的变化开始

4.【2014年7月】与按性别、年龄分工相适应的经济形式是（　　）

A. 自然经济　　B. 商品经济

C. 市场经济　　D. 计划经济

5.【2013年4月】自然经济建立的基础是（　　）

A. 国际分工　　B. 个别分工

C. 社会分工　　D. 自然分工

6. △【2013年10月】以下物品属于商品的是（　　）

A. 腐烂变质的食品　　B. 阳光

C. 木工做的家庭自用的小木凳　　D. 联想公司生产的电脑

7. △【2015年4月】区别不同社会形态的根本标志是（　　）

A. 生产方式　　B. 经济体制

C. 社会经济制度　　D. 资源配置方式

二、多选题

1.【2017年10月】迄今为止人类社会所经历的社会制度有（　　）

A. 原始公社制度　　B. 奴隶制度　　C. 封建制度

D. 资本主义制度　　E. 社会主义制度

2.【2018年10月】市场经济（　　）

A. 间接分配社会经济资源

B. 直接分配社会经济资源

C. 具有特定社会经济制度属性

D. 不具有特定社会经济制度属性

E. 是社会化大生产条件下的一种资源配置方式

本章易错题

2、3、7，需要牢牢掌握知识点，认真审题，避免作答失误。

△表示为高频考点。

三、主观题

1. 简述商品经济的基本特征。

2. 简述商品经济与市场经济的关系。

PART 6 答案解析

一、单选

1. 答案：A

解析：生产力与生产关系的基本矛盾是社会发展的主要动力。

2. 答案：D

解析：在人类社会由低级向高级不断演进的历史进程中，社会基本矛盾的运动起着决定作用，是社会经济制度变革的根本原因。

3. 答案：C

解析：生产力和生产关系的矛盾、经济基础和上层建筑的矛盾构成了人类社会的基本矛盾。社会基本矛盾的运动总是从生产力的变化开始的，生产力发展到一定阶段，使相对稳定的生产关系越来越不能适应生产力进一步发展的要求，必然要求突破旧的生产关系，建立起适合生产力发展的新的生产关系。

4. 答案：A

解析：自然经济是与低下的生产力紧密联系的，是按照性别、年龄相适应的基本经济形式。

5. 答案：D

解析：经济活动是人类为了满足自身需要而不断进行的与自然界之间的物质变换过程。人类社会的历史进程表明，在由生产力所决定的分工不同的发展阶段中，人类劳动联系具有不同的经济形式。与自然分工相适应的是自然经济，以社会分工为基础的是商品经济。

6. 答案：D

解析：商品一定是用于交换的劳动产品，因此必须具备价值和使用价值，因此电脑满足两个条件。

7. 答案：C

解析：社会经济制度的不同是区分不同社会形态的根本标志。

二、多选

1. 答案：ABCDE

解析：迄今为止，人类社会经历了原始公社制度、奴隶制度、封建制度、资本主义制度、社会主义制度五种不同社会经济制度的依次更替。

2. 答案：ADE

解析：市场经济是一种资源配置方式，本身不具有社会制度的属性，既可以和社会主义结合，也可以和资本主义结合。具体来看，市场经济的一般特征集中表现在：第一，经济关系市场化。第二，企业行为自主化。第三，宏观调控间接化。第四，经济管理法制化。

三、主观题

1. 简述商品经济的基本特征。

答：

第一，商品经济是以社会化生产为物质基础的经济形式；

第二，商品经济是以等价交换原则为基础的交换经济；

第三，商品经济是通过市场竞争配置社会资源的经济形式。

2. 简述商品经济与市场经济的关系。

答：

（1）市场经济是商品经济高度发展的产物。有商品生产就必须有商品交换，要进行商品交换就必须有市场。因而，商品经济是市场经济的基础，没有商品经济就没有市场，没有市场也就没有市场经济。

（2）但是，商品经济并不等于市场经济。如果商品经济的规模很小，市场机制的作用范围狭小，不能对全社会范围内的经济资源进行配置，在这样的社会经济状况下，虽然存在商品经济，但不能说已经形成了市场经济。

恭喜你完成了第一章的学习，全书章节已完成 2/13。如果你真的愿意去努力，你人生最坏的结果也不过是大器晚成。在此，记录下你的学习心得吧。

第二章　商品和价值

备考指南

本章需要掌握并理解商品和商品生产的矛盾，即使用价值和价值、具体劳动和抽象劳动、私人劳动和社会劳动之间的矛盾。了解商品的价值量决定及其与劳动生产率的关系，以及价值规律的基本内容、表现形式和作用等基本原理。掌握价值创造、价值量决定和价值规律的基本内容，为学习和掌握马克思主义政治经济学打下理论基础。

本章重要程度为★★★，多以单选题、多选题、辨析题、简答、论述形式出现，复习时，知识点中画线部分需反复记忆，可充分利用书中“小笔记”部分进行书写，确保熟记于心，自如运用到考试中。

学习目标

通过本章学习，您将掌握以下知识点：

1. 商品二因素和劳动二重性。
2. 劳动生产率和必要劳动时间之间的关系。
3. 价值规律的基本内容、表现形式及作用。

PART 1 本章知识宝图

本章共三小节，分别用星标做重要程度标注，★★★为高频考点；★★为中频考点；★为一般考点，可循序渐进复习。

- 商品和价值
  - ① 商品及其内在矛盾★★
    - 1.商品的二因素
    - 2.生产商品的劳动二重性
    - 3.私人劳动和社会劳动
  - ② 商品的价值量★★★
    - 1.社会必要劳动时间决定商品价值量
    - 2.简单劳动和复杂劳动
    - 3.劳动生产率与商品价值量
  - ③ 价值规律★★★
    - 1.价值规律的内容和表现形式
    - 2.价值规律的作用

PART 2 名师伴读

何为商品二因素？何为劳动二重性？如何理解？扫码学习吧！

登录 www. rdlearning. cn 查看完整内容。

PART 3 高频考点

小笔记

考点 010　商品及其内在矛盾

【★★★一级考点，单选、多选、简答、论述】

1. 商品是用来交换的劳动产品，包含**使用价值和价值**两个因素，是使用价值和价值的矛盾统一体，体现着一定的社会生产关系，是一个历史的范畴。其中，价值是商品的**本质因素**，是**本质属性和社会属性**；使用价值总是构成社会财富的物质内容，是人类社会赖以生存和发展的基础。

2. **使用价值**是商品交换价值的物质承担者，没有使用价值的东西不能进行交换，当然也不能成为商品。

小笔记

3. 简述价值与使用价值之间的关系。(简答)

商品是使用价值和价值的矛盾统一体。说它们是相统一的，是因为两者互相依赖、互为条件，彼此之间有着不可分割的联系。使用价值和价值统一于商品之中，缺一就不成为商品。价值的存在以使用价值的存在为前提，使用价值是价值的物质载体。一种物品如果没有使用价值，就是无用之物，即使人们为它付出了大量的劳动，也不是商品。价值是商品的本质属性，一种物品尽管有使用价值，但如果不是劳动产品，也没有价值；还有一些物品既有使用价值，也是劳动产品，但不是为了交换，而是用于自己消费或无偿提供给别人消费，不成为商品，耗费在其中的劳动也就不能形成价值。

4. 商品的二因素是由体现在商品生产中的劳动二重性决定的。生产商品的劳动具有二重属性：从一方面看它是具体劳动，从另一方面看它又是抽象劳动。

5. 简述具体劳动与抽象劳动的关系。(简答)

具体劳动与抽象劳动之间存在着矛盾统一的关系。

首先，具体劳动和抽象劳动在时间上和空间上是统一的。

其次，具体劳动和抽象劳动又存在差别和矛盾。

一是具体劳动是从劳动的有用效果来看的劳动，抽象劳动则是抽去了劳动的有用性的一般人类劳动。

二是具体劳动在质上不同，因而在量上不能比较；抽象劳动在质上相同，只有量的差别。

三是具体劳动反映的是人与自然之间的关系，是劳动的自然属性，是一切社会形态都存在的永恒的范畴；抽象劳动则体现着商品生产者之间的经济关系，是劳动的社会属性，是商品经济特有的历史范畴。

四是具体劳动是生产使用价值的劳动，但它不是使用价值的唯一源泉；抽象劳动是创造价值的劳动，它是形成价值的唯一源泉。

6. 私人劳动和社会劳动的矛盾是简单商品经济的基本矛盾。

本章易考点

1. 商品二因素：价值和使用价值。
2. 劳动二重性：具体劳动和抽象劳动。
2. 价值是商品的本质因素，是本质属性和社会属性。
3. 具体劳动与抽象劳动之间存在着矛盾统一的关系。

小笔记

考点 011 商品的价值量

【★★二级考点，单选、多选、简答、论述】

1. 商品价值的质既然表现为一般人类劳动的凝结，那么，商品的价值量就由凝结在商品中的一般人类劳动的量来决定。由于衡量劳动量的自然尺度是劳动时间，因而商品的价值量取决于生产商品所耗费的劳动时间。

2. 商品的价值量是由生产商品的社会必要劳动时间决定的。在商品交换过程中，社会必要劳动时间是以简单劳动为尺度来计量的，复杂劳动可以折算成倍加的简单劳动。

3. 单位商品的价值量与包含在商品中的社会必要劳动量成正比，与生产该商品的劳动生产率成反比。

4. 简述决定和影响劳动生产率高低的因素。（多选、简答）

（1）劳动者的平均熟练程度。劳动者的平均熟练程度越高，劳动生产率越高。

（2）科学技术的发展水平及其在生产中的应用程度。科学技术越发展，并不断运用于生产过程，越能促进劳动生产率的提高。

（3）生产过程的社会组织形式。它包括劳动组织和生产管理等的状况，对劳动生产率有重大作用。

（4）生产资料的质量和效能。生产资料的数量是否充分，质量和效能如何，直接决定着劳动生产率。

（5）自然条件。它包括对自然资源和自然力的利用，对农业劳动生产率的高低影响很大。

本章易考点

1. 生产商品的社会必要劳动时间决定了商品的价值量。

2. 单位商品的价值量与包含在商品中的社会必要劳动量成正比，与生产该商品的劳动生产率成反比。

考点 012 价值规律

【★★二级考点，简答、论述】

1. 简述价值规律的作用。（简答、论述）

价值规律的基本内容是：

（1）商品的价值量由生产商品的社会必要劳动时间来决定。各个生产

小笔记

者生产同一种商品的个别劳动时间是各不相同的，这种不同的个别劳动时间形成的只是商品的个别价值。但是，决定单位商品价值量的是社会必要劳动时间，社会承认的只是社会必要劳动时间决定的商品的社会价值。由于商品价值量决定于社会必要劳动时间，在客观上要求每一个商品生产者都必须使自己的个别劳动时间符合于或低于社会必要劳动时间。这也就是每个商品生产者千方百计地提高劳动生产率，缩短个别劳动时间，降低个别价值的根本原因。

（2）商品交换以价值量为基础进行，实行等价交换。商品交换若不能按照等价交换的原则进行，生产某种商品的生产者的劳动耗费就得不到补偿，从而导致生产缩减；同时，其他的商品生产者也就不能通过交换得到这种商品满足自己的需要，商品生产也就难以为继。在价值实现过程中，实行等价交换原则是不以人的意志为转移的客观要求。

2. 试述价值规律的作用。（论述）

在商品经济中，价值规律的作用主要表现在以下三个方面：

第一，自发地调节社会总劳动在社会各生产部门之间分配的比例，使社会资源配置趋于合理。

第二，刺激商品生产者改进技术，提高劳动生产率，促进社会生产力的发展。

第三，促使商品生产者在市场竞争中实现优胜劣汰。

本章易考点

1. 商品的价值量由生产商品的社会必要劳动时间来决定。
2. 商品交换以价值量为基础进行，实行等价交换。

PART 4 难点回顾

- 商品二因素。
- 劳动二重性。
- 劳动二重性学说是理解马克思主义政治经济学的枢纽。
- 私人劳动和社会劳动的矛盾。
- 商品价值量的决定。
- 简单劳动和复杂劳动。
- 劳动生产率与社会必要劳动时间的关系。

价值规律的基本内容、表现形式及作用。

过考百科

李嘉图的理论

资产阶级古典政治经济学的完成者李嘉图批判了斯密的二元价值论，进一步发展了劳动价值论。他在《政治经济学及赋税原理》第一章《论价值》中说："商品的价值或这个商品所能交换的任何其他商品的量，取决于生产这个商品所必要的相对劳动量，而不取决于付给这一劳动的报酬多少。"他否定了斯密的价值决定于生产费用的错误观点，坚持商品价值仅由生产商品所耗费的劳动量决定的原理，并且第一个提出了必要劳动的概念。但是，李嘉图不能分清价值与交换价值的区别，不懂得劳动的二重性，并且错误地把社会必要劳动量说成是在最不利的生产条件下的劳动耗费量，所以他不能在价值规律的基础上说明资本和劳动的交换怎样能产生剩余价值。

PART 5 真题演练

一、单选题

1. △【2013 年 4 月】商品的本质因素是（　　）

A. 价值　　B. 使用价值　　C. 交换价值　　D. 价格

2. △【2013 年 4 月】商品的使用价值和价值的对立性是指（　　）

A. 商品的使用价值和价值不能为商品生产者或消费者同时占有

B. 使用价值由抽象劳动创造，价值由具体劳动形成

C. 使用价值是商品的社会属性，价值是商品的自然属性

D. 有价值的物品未必有使用价值

3. 【2013 年 7 月】构成社会财富物质内容的是（　　）

A. 价值　　B. 使用价值　　C. 交换价值　　D. 剩余价值

4. △【2013 年 7 月】简单商品经济的基本矛盾是（　　）

A. 价值和使用价值的矛盾　　B. 抽象劳动和具体劳动的矛盾

C. 简单劳动和复杂劳动的矛盾　　D. 私人劳动和社会劳动的矛盾

5. 【2014 年 4 月】生产商品的劳动二重性是指（　　）

A. 私人劳动和社会劳动　　B. 具体劳动和抽象劳动

C. 简单劳动和复杂劳动　　D. 必要劳动和剩余劳动

6. 【2014 年 4 月】决定商品价值量的是生产商品的（　　）

A. 个别劳动时间　　B. 社会必要劳动时间

C. 必要劳动时间　　D. 剩余劳动时间

7. △【2015年10月】单位商品价值量与部门劳动生产率（　　）

A. 成正比　　B. 成反比　　C. 关系不确定　　D. 无关

8. △【2018年10月】社会必要劳动时间决定商品的（　　）

A. 社会价值　　B. 使用价值　　C. 剩余价值　　D. 个别价值

本章易错题

1、2、4、7、8，需要牢牢掌握知识点，认真审题，避免作答失误。

△表示为高频考点。

二、主观题

1. 简述商品的二因素。

2. 简述价值规律的基本内容。

3. 怎样理解商品价值和使用价值的对立统一关系？

PART 6 答案解析

一、单选

1. 答案：A

解析：价值是商品所特有的本质属性和社会属性，它体现着商品生产者之间相互比较劳动耗费量和交换劳动的社会经济关系。

2. 答案：A

解析：价值与使用价值构成了商品的二因素，任何人都不能同时占有价值和使用价值。

3. 答案：B

解析：社会物质财富的物质内容是以商品的使用价值为基础的。

4. 答案：D

解析：私人劳动和社会劳动的矛盾是简单商品经济的基本矛盾。这是因为：

（1）私人劳动和社会劳动的矛盾决定和影响着私有制商品经济的其他一切矛盾。使用价值和价值的矛盾、具体劳动和抽象劳动的矛盾、个别劳动时间和社会必要劳动时间的矛盾，归根到底都来源于私人劳动和社会劳动的矛盾。

（2）私人劳动和社会劳动的矛盾决定了商品经济的本质及私有制商品经济产生和发展的全过程。

5. 答案：B

解析：商品的二因素是由体现在商品生产中的劳动二重性决定的。生产商品的劳动具有二重属性：从一方面看它是具体劳动，从另一方面看它又是抽象劳动。

6. 答案：B

解析：商品的价值量是由生产商品的社会必要劳动时间决定的。

7. 答案：B

解析：单位商品的价值量与包含在商品中的社会必要劳动时间成正比，与生产该商品的劳动生产率成反比。

8. 答案：A

解析：社会必要劳动时间决定商品的社会价值。

二、主观题

1. 简述商品的二因素。

答：

商品是用来交换的劳动产品，包含使用价值和价值两个因素，是使用价值和价值的矛盾统一体，体现着一定的社会生产关系，是一个历史的范畴。

（1）使用价值是商品具有的效用，即能满足人们某种需要的属性。是商品的自然属性，反映的是人与自然之间的物质关系。

（2）凝结在商品中的无差别的一般人类劳动就是商品的价值，或价值的实体。作为一个历史范畴，价值是商品所特有的本质属性和社会属性，它体现着商品生产者之间相互比较劳动耗费量和交换劳动的社会经济关系。

2. 简述价值规律的基本内容。

答：

价值规律的基本内容是：

（1）商品的价值量由生产商品的社会必要劳动时间来决定。这也就是每个商品生产者千方百计地提高劳动生产率，缩短个别劳动时间，降低个别价值的根本原因。

（2）商品交换以价值量为基础进行，实行等价交换。在价值实现过程中，实行等价交换原则是不以人的意志为转移的客观要求。

3. 怎样理解商品价值和使用价值的对立统一关系？

答：

使用价值和价值是商品的二因素，二者互相依赖、互为条件、不可分割。使用价值和价值统一在商品之中，缺一不可；使用价值是价值的物质承担者，价值是商品的本质属性。

使用价值和价值又是互相对立、互相排斥的。只有让渡使用价值才能获得价值，支付商品的价值才能获得使用价值。

恭喜你完成了第二章的学习，全书章节已完成 3/13。所有的坚持与勇敢，不过是为了在前行的路上与孤独奋战，描绘出自己心中的星辰大海。在此，记录下你的学习心得吧。

第三章　货币与信用

备考指南

本章需要学会分析价值形式发展经历的四个阶段，了解货币产生的过程以及货币的本质。掌握在发达的商品经济或市场经济中货币所具有的五种职能，以及货币的流通规律。了解信用的产生及其主要形式，掌握信用在市场经济运行中的双重作用。

本章重要程度为★★，多以单选题、多选题、辨析题、简答形式出现，复习时，知识点中画线部分需反复记忆，可充分利用书中“小笔记”部分进行书写，确保熟记于心，自如运用到考试中。

学习目标

通过本章的学习，您将掌握以下知识点：

1. 货币的职能与本质。
2. 货币流通规律。
3. 信用的形式及其在市场经济运行中的二重作用。

PART 1 本章知识宝图

本章共三小节，分别用星标做重要程度标注，★★★为高频考点；★★为中频考点；★为一般考点，可循序渐进复习。

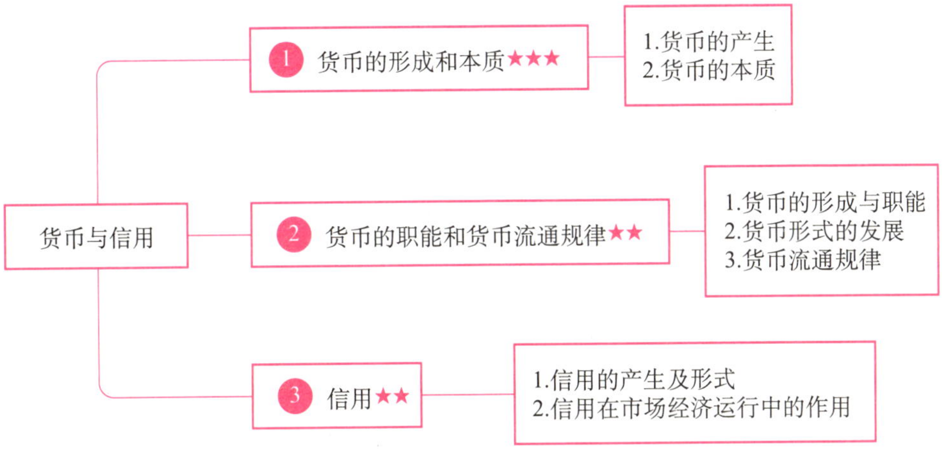

PART 2 名师伴读

价值形式发展的不同阶段是什么？如何理解信用在市场经济中的作用？扫码观看吧！

登录 www. rdlearning. cn 查看完整内容。

PART 3 高频考点

考点 013 货币的形成和本质

【★★二级考点，单选、多选、简答、论述】

1. 与商品交换发展相适应，价值形式的发展经历了四个阶段。

第一，简单的或偶然的价值形式。

第二，总和的或扩大的价值形式。

第三，一般价值形式。在这一价值形式中，所有商品的价值都通过同一种商品（绵羊）表现出来，这是价值形式发展中的质变。

第四，货币形式。当某种商品（主要是金和银）从商品世界中分离出来，固定地充当一般等价物时，这种商品就成为货币，这种价值形式就是货币形式。

小笔记

小笔记

2. 金银之所以能够固定地充当一般等价物，是由于它的自然属性，使它成为最适宜充当货币的材料。黄金和白银质地均匀，便于分割；体积小、价值大，便于携带；不易变质，便于永久保存。因此，“金银天然不是货币，但货币天然是金银”。

3. 试述货币的本质。（简答、论述）

货币是固定地充当一般等价物的特殊商品，体现商品生产者之间的社会经济关系。这一本质说明，货币也是一种商品，具有使用价值和价值；但货币又不是普通商品，而是固定地充当一般等价物的商品。普通商品指具有由它的自然属性所决定的使用价值，而货币除了具有使用价值以外，还具有作为一般等价物这种社会职能所产生的特殊使用价值。

考点 014　货币的职能和货币流通规律

【★★二级考点，单选、多选】

1. 在商品经济中，货币具有价值尺度、流通手段、贮藏手段、支付手段和世界货币五种职能。

2. 货币执行价值尺度职能时，可以是观念上的或想象中的货币。商品价值的货币表现就是商品价格。

3. 执行贮藏手段职能的货币，既不能是观念上的货币，也不能是价值符号，而必须是足值的金属货币，或者是金银制品。

4. 商品的让渡和价值的实现在时间上有时会分离开来，出现赊购、赊销的现象时都体现的是货币的支付手段。

5. 一定时期内流通中所需要的货币量，取决于以下三个因素：一是流通中待售商品的数量，二是商品价格水平，三是货币流通速度。一定时期内流通中所需要的货币量，与商品价格总额（待售商品数量×商品价格水平）成正比，与同一单位货币流通速度成反比，这就是货币流通规律。

6. 如果纸币发行量超过流通中所需要的金属货币量，就会出现纸币贬值，物价上涨，这就是通货膨胀。通货紧缩是一种与通货膨胀相反的经济现象，表现为社会需求不足、物价水平疲软或下跌。

本章易考点

1. 货币的五种职能：价值尺度、流通手段、贮藏手段、支付手段和世界货币。

2. 商品价值的货币表现就是商品价格。

考点015 信用

【★★★一级考点，单选、多选、简答、论述】

小笔记

1. 随着商品经济的高度发展，信用活动日益频繁和深化，信用形式也日趋多样化。按主体的不同，信用可分为商业信用、银行信用、国家信用、企业信用和消费信用等。

2. 商业信用具有以下特点：

（1）商业信用是商品生产者之间以商品形态提供的信用，贷出的资本就是待实现的商品资本。

（2）商业信用主要是职能资本在商品买卖中相互提供的信用，其债权人和债务人都是职能资本。

（3）商业信用的发展程度直接依存于商品生产和流通的状况。在经济繁荣时期，生产发展，商业信用随之扩大；而在经济危机时期，生产下降，商业信用也随之陷入萎缩状态。

3. 商业信用的工具是商业票据，它是债权人和债务人之间的债务凭证。商业票据分为期票和汇票两种。期票是债务人向债权人开出的定期付款的保证书。汇票是债权人向债务人发出的在一定时期内向持票者支付款项的命令书，要求债务人向第三者或持票人支付一定款项的凭证。

4. 简述银行信用的特点。（简答）

银行信用克服了商业信用的局限性，具有以下特点：

（1）银行信用的债权人是货币资本所有者，债务人是职能资本，银行信用的实质是银行作为中介，使货币资本所有者通过银行和职能资本之间发生的信用关系。

（2）银行信用的对象是货币资本，对企业来说，属于间接融资。

（3）银行信用可以突破商业信用的局限性，扩大了信用的规模和范围。

5. 购买了公司股票的投资者就是公司财产的最终所有者之一，他们可以按照持有股份的比例，在该公司拥有相应的权益。

6. 试述信用在市场经济运行中的积极作用。（论述）

信用促进市场经济发展的积极作用表现在：

（1）信用可以增加投资机会、促进资本的自由转移，推动社会资源的优化配置。

（2）信用可以加速资本的积聚和集中。信用既把社会上暂时闲置的货币资本集中起来，又把社会上各阶层的小额货币收入动员起来，汇成巨额货币资本，供职能资本使用，促进投资规模不断扩大。

小笔记

（3）信用可以加快商品流转的速度、节省流通费用。在信用基础上发展起来的非现金结算，使大批商品交易不用现金支付，节省了流通中的现实货币量，进而节省了现金流通所必需的一部分货币流通费用。

（4）信用可以给居民提供新的投资渠道和金融资产的持有方式，可以使每个家庭把它们的消费按时间序列进行适当的安排，形成合理的消费结构。

（5）信用有效地调节着国民经济运行。通过信用工具及其衍生工具对宏观经济与微观经济进行适时、适度的干预，促进国民经济健康发展。

本章易考点

1. 按主体的不同，信用可分为商业信用、银行信用、国家信用、企业信用和消费信用等。
2. 银行信用克服了商业信用的局限性。

PART 4 难点回顾

- 价值形式的发展过程。
- 相对价值形式与等价形式的关系。
- 货币的本质。
- 货币的职能。
- 经济危机发生的可能性。
- 货币流通规律与纸币流通规律。
- 信用形式。
- 信用在市场经济运行中的二重作用。

过考百科

通货紧缩

关于通货紧缩的含义，我国理论界有争议。一般认为，通货紧缩与货币供应量的下降有关，会引致物价的下降，还经常伴有经济衰退的现象。据统计，英国自1800年以来有78年发生通货紧缩；瑞典自1830年以来有44年发生通货紧缩；美国自1864年以来有34年发生通货紧缩。此外，阿根廷、日本、德国、法国、新加坡也都发生过程度不同的通货紧缩。

PART 5 真题演练

一、单选题

1. △【2013年4月】由于流通中的货币量相对不足而引发的经济现象是（　　）

A. 生产过剩　　B. 信用膨胀　　C. 通货膨胀　　D. 通货紧缩

2. △【2013年10月】在赊购到期以货币清偿债务时，货币执行的职能是（　　）

A. 价值尺度　　B. 流通手段　　C. 支付手段　　D. 贮藏手段

3. 【2013年10月】一定时期内流通中所需要的货币量与同一单位货币的流通速度（　　）

A. 成正比　　B. 成反比

C. 时而正比时而反比　　D. 无关

4. 【2014年4月】货币执行价值尺度的职能就是用货币（　　）

A. 衡量和表现商品的价值　　B. 充当商品交换的媒介

C. 充当贮藏手段　　D. 清偿债务

5. △【2014年10月】观念上的货币可以执行的货币只能是（　　）

A. 价值尺度　　B. 流通手段　　C. 贮藏手段　　D. 支付手段

6. △【2015年4月】执行贮藏手段职能的货币是（　　）

A. 纸币　　B. 信用货币

C. 观念上的货币　　D. 足值的金属货币

7. 【2015年10月】纸币发行量超过流通中所需要的金属货币量会出现（　　）

A. 通货膨胀　　B. 通货紧缩

C. 金属货币贬值　　D. 金属货币升值

8. △【2017年10月】商品价值的货币表现称作（　　）

A. 成本　　B. 价格　　C. 盈利　　D. 效用

9. 【2013年7月】债务人向债权人开出的定期付款的保证书是（　　）

A. 期票　　B. 汇票　　C. 支票　　D. 债券

本章易错题

1、2、5、6、8，需要牢牢掌握知识点，认真审题，避免作答失误。

△表示为高频考点。

二、主观题

1. 简述商业信用具有的特点。

2. 简述银行信用的特点。

3. 试述信用在市场经济运行中的作用。

PART 6 答案解析

一、单选

1. 答案：D

解析：如果纸币发行量超过流通中所需要的金属货币量，就会出现纸币贬值，物价上涨，这就是通货膨胀。通货紧缩是一种与通货膨胀相反的经济现象，表现为社会需求不足、物价水平疲软或下跌。

2. 答案：C

解析：支付手段。随着商品经济的发展，商品的让渡和价值的实现在时间上有时会分离开来，出现赊购、赊销的现象。在赊购到期，以货币来偿还债款时，货币执行支付手段的职能。

3. 答案：B

解析：一定时期内同一单位货币的流通速度越快，流通中所需要的货币量越少，二者之间成反比。

4. 答案：A

解析：价值尺度。货币的价值尺度职能，就是以一定量的货币来衡量和表现商品的价值。货币之所以能够充当价值尺度，是因为货币本身也是商品，具有价值。货币执行价值尺度职能时，可以是观念上的或想象中的货币。

5. 答案：A

解析：货币执行价值尺度职能时，可以是观念上的或想象中的货币。

6. 答案：D

解析：执行贮藏手段职能的货币，既不能是观念上的货币，也不能是价值符号，而必须是足值的金属货币，或者是金银制品。

7. 答案：A

解析：如果纸币发行量超过流通中所需要的金属货币量，就会出现纸币贬值，物价上涨，这就是通货膨胀。

8. 答案：B

解析：货币的价值尺度职能，就是以一定量的货币来衡量和表现商品的价值，商品价值的货币表现就是商品价格。

9. 答案：A

解析：商业信用的工具是商业票据，它是债权人和债务人之间的债务凭证。商业票据分为期票和汇票两种。期票是债务人向债权人开出的定期付款的保证书。

二、主观题

1. 简述商业信用具有的特点。

答：

（1）商业信用是商品生产者之间以商品形态提供的信用，贷出的资本就是待实现的商品资本。

（2）商业信用主要是职能资本在商品买卖中相互提供的信用，其债权人和债务人都是职能资本。

（3）商业信用的发展程度直接依存于商品生产和流通的状况。在经济繁荣时期，生产发展，商业信用随之扩大；而在经济危机时期，生产下降，商业信用也随之陷入萎缩状态。

2. 简述银行信用的特点。

答：

（1）银行信用的债权人是货币资本所有者，债务人是职能资本，银行信用的实质是银行作为中介使货币资本所有者通过银行和职能资本之间发生的信用关系。

（2）银行信用的对象是货币资本，对企业来说，属于间接融资。

（3）银行信用可以突破商业信用的局限性，扩大了信用的规模和范围。

3. 试述信用在市场经济运行中的作用。

答：

信用在市场经济运行中既有积极作用也有消极作用。一方面促进市场经济的发展；另一方面加深的市场经济的内在矛盾。

（1）信用的积极作用表现在：增加投资机会，促进资本的自由转移，推动社会资源的优化配置；加速资本的积聚和集中；加快商品流转速度、节省流通费用；给居民提供新的投资渠道；有效的调节国民经济运行。

（2）信用的消极作用表现：加深了生产和消费的矛盾，触发生产过剩的危机；引发货币信用危机；刺激投机，引发经济秩序混乱。

恭喜你完成了第三章的学习，全书章节已完成 4/13。当遗憾取代了梦想，人是真的老了。在此，记录下你的学习心得吧。

第二篇

资本主义经济制度及其运行

第四章 剩余价值的生产

备考指南

本章需要了解资本总公式的矛盾是价值增值与价值规律的矛盾，明确解决这一矛盾的关键是货币转化为资本，而劳动力成为商品则是这一转化的前提。把握剩余价值的生产过程是劳动过程与价值增值过程的统一，理解区分不变资本与可变资本的重要意义。了解绝对剩余价值生产和相对剩余价值生产是剩余价值生产的两种基本方法。理解资本积累与扩大再生产的关系，分析资本有机构成提高的途径，把握资本主义积累的一般规律。

本章重要程度为★★★，多以单选题、多选题、辨析题、简答题、论述题形式出现，复习时，知识点中画线部分需反复记忆，可充分利用书中“小笔记”部分进行书写，确保熟记于心，自如运用到考试中。

学习目标

通过本章学习，您将掌握以下知识点：

1. 资本总公式。
2. 货币转化为资本的前提及劳动力成为商品的条件。
3. 不变资本和可变资本的区分及其意义。
4. 剩余价值和相对剩余价值。
5. 资本主义积累及其实质、一般规律。

PART 1 本章知识宝图

本章共四小节，分别用星标做重要程度标注，★★★为高频考点；★★为中频考点；★为一般考点，可循序渐进复习。

- 剩余价值的生产
  - ① 货币转化为资本★★★
    - 1.资本总公式的矛盾
    - 2.劳动成为商品
  - ② 剩余价值的生产过程★★
    - 1.资本主义劳动过程
    - 2.资本主义的价值形成过程和价值增值过程
    - 3.不变资本与可变资本
    - 4.剩余价值率
  - ③ 剩余价值生产的基本方法★★★
    - 1.绝对剩余价值生产
    - 2.相对剩余价值生产
    - 3.绝对剩余价值生产与相对剩余价值生产的关系
    - 4.资本主义工资
  - ④ 再生产与资本积累★★
    - 1.资本主义再生产
    - 2.资本积累
    - 3.资本有机构成
    - 4.资本主义积累的一般规律

PART 2 名师伴读

如何理解必要劳动时间和剩余劳动时间？扫码学习吧！
登录 www. rdlearning. cn 查看完整内容。

人大芸窗职教学苑名师伴读系列

PART 3 高频考点

小笔记

考点 016 货币转化为资本

【★三级考点，单选、多选】

1. 作为商品流通媒介的货币和作为资本的货币具有根本不同的性质和内容，这种差别可以通过一般商品流通（W—G—W）和资本流通（G—W—G）的对比表现出来。

小笔记

2. 在流通过程中，无论是 $G—W$，还是 $W—G$，商品的价值量都没有变化。但是资本总公式，经过流通资本却增值了。这就是资本总公式的矛盾。这就要研究剩余价值是如何产生的。首先，不能在流通领域产生。其次，离开流通领域，剩余价值也不能产生。这是解决资本总公式矛盾的条件。那么，剩余价值只能发生在购买的商品上，这种特殊的商品就是劳动力。

3. 劳动力是指人们的劳动能力，是存在于人的身体中的、进行劳动时运用的体力和脑力的总和。劳动力成为商品，必须具备两个条件：

第一，劳动力所有者必须有人身自由，可以自由地支配自己的劳动力。

第二，劳动力所有者丧失了一切生产资料和生活资料，除了自己的劳动力以外，一无所有，只能靠出卖劳动力为生。

4. 劳动力商品的价值是由生产和再生产劳动力商品的社会必要劳动时间决定的。生产劳动力商品的社会必要劳动时间，可以归结为生产生活资料所必需的劳动时间，包括三个部分的价值：

第一，劳动者本人所必需的生活资料的价值，用于维持劳动力的再生产。

第二，劳动者养育子女所必需的生活资料的价值，用于延续劳动力的供给。

第三，劳动者接受教育和训练的费用，用于培训适合资本主义再生产所需要的劳动力。劳动力价值的决定还包括历史和道德的因素。劳动力商品最主要的特点表现在它的使用价值上。

本章易考点

劳动力商品的价值是由生产和再生产劳动力商品的社会必要劳动时间决定的。

考点 017 剩余价值的生产过程

【★★★一级考点，单选、多选、简答、论述】

1. 资本主义的生产过程首先表现为生产物质资料的劳动过程。资本主义劳动过程的特点是工人在资本家的监督下劳动；工人的劳动产品全部归资本家所有。

2. 价值增值过程不外是超过一定点而延长了的价值形成过程，这个

小笔记

一定点就是工人补偿劳动力价值所需要的时间。这里要说明，工人的劳动时间包括两部分：一部分是工人再生产劳动力价值的**必要劳动时间**，另一部分是无偿为资本家生产剩余价值的**剩余劳动时间**。

3. 资本家的预付资本一部分以生产资料的形式存在，一部分以劳动力的形式存在。根据它们在剩余价值生产中的作用不同，可以区分为不变资本和可变资本。以生产资料形式存在的资本，在生产过程中不改变自己的价值量，就叫作不变资本（c）。不变资本以机器、厂房等生产资料形式存在，在生产过程中发生了使用价值形态的变化，价值也转移到新产品中去。以劳动力形式存在的资本，在生产过程中发生了价值量的变化，即发生了价值增值，就叫作可变资本（v）。

4. **简述区分不变资本与可变资本的意义。（简答）**

资本区分为不变资本和可变资本的意义在于：

（1）进一步揭露了剩余价值的来源和资本主义经济关系的实质，说明了剩余价值只是由可变资本产生的，即雇佣工人的剩余劳动是剩余价值产生的唯一源泉。

（2）为考察资本家对雇佣工人的剥削程度提供了科学依据。正确反映剥削程度的是剩余价值率。

5. 资本主义生产过程中所生产出来的商品价值是由不变资本、可变资本和剩余价值三部分构成的，即商品价值为$W=c+v+m$。由于剩余价值只是由可变资本带来的，因而研究资本的价值增值程度或资本家对雇佣工人的剥削程度应用剩余价值（m）和可变资本（v）相比，这一比率就是剩余价值率（m'）。其表示方法有两种：一种是物化劳动表示法，即：

$$m'=\frac{\text{剩余价值}}{\text{可变资本}}=\frac{m}{v}$$

该公式表示在雇佣工人的劳动所创造的价值中，资本家和工人各占多少份额。另一种是活劳动表示法，即：

$$m'=\frac{\text{剩余劳动时间}}{\text{必要劳动时间}}$$

该公式表明，在工人的一个工作日的全部劳动时间中，有多大部分用于补偿劳动力的价值，多大部分用来无偿地为资本家生产剩余价值。

本章易考点

1. 工人的劳动时间包括两部分：必要劳动时间和剩余劳动时间。

2. 商品价值为$W=c+v+m$（c为不变资本；v为可变资本；m为剩余价值）

小笔记

考点 018 剩余价值生产的基本方法

【★★二级考点，单选、多选、简答】

1. 资本家剥削工人的具体方法是多种多样的，但概括起来有两种基本方法：绝对剩余价值生产和相对剩余价值生产。

2. 这种在雇佣工人的必要劳动时间不变的条件下，由于工作日的绝对延长而生产的剩余价值称作绝对剩余价值。此外，资本家还用提高工人劳动强度的方法来榨取更多的剩余价值。在工作日长度不变的条件下，由于缩短必要劳动时间，相应延长剩余劳动时间而生产的剩余价值，称作相对剩余价值。相对剩余价值生产是以社会劳动生产率提高为条件的。

3. 超额剩余价值是指商品的社会价值超过个别价值的余额。超额剩余价值的源泉是雇佣工人的剩余劳动。超额剩余价值是个别资本家获得的，是一种暂时的现象。

4. 试述绝对剩余价值生产与相对剩余价值生产的关系。（简答、论述）

联系：

（1）从资本对雇佣劳动的关系来看，二者本质上是一致的。不论是延长工作日，还是提高劳动生产率，结果都延长了工人的剩余劳动时间，提高了对工人的剥削程度，增加了剩余价值量。

（2）绝对剩余价值生产是资本主义剥削的一般基础，也是相对剩余价值生产的起点。

区别：

（1）两者的物质技术不同，绝对剩余价值生产与生产技术不变相适应，而相对剩余价值生产是以生产技术的不断变革为条件的。

（2）在资本主义发展的各个历史阶段起的作用不同。简单协作阶段，主要采用绝对剩余价值生产；工场手工业阶段，劳动生产率提高为相对剩余价值生产创造了条件；机器大工业出现后，相对剩余价值生产意义越来越大。

5. 资本主义工资在本质上不是劳动的价值或价格，而是劳动力的价值或价格。

本章易考点

1. 资本家剥削工人的两种基本方法：绝对剩余价值生产和相对剩余价值生产。

2. 资本主义工资的本质是劳动力的价值或价格。

小笔记

考点019　再生产与资本积累

【★★二级考点，单选、简答、论述】

1. 从内容看，社会再生产既是物质资料再生产，又是生产关系再生产，是二者的统一。就规模看，分为简单再生产和扩大再生产。

2. 把剩余价值作为资本使用，或者说剩余价值的资本化，叫作资本积累。剩余价值是资本积累的源泉，而资本积累又是扩大再生产的源泉。

3. 简述资本积累的客观必然性。（简答）

资本积累的客观必然性：

第一，资本主义生产的目的决定资本家追求剩余价值的欲望是没有止境的。为此，资本家除提高剥削程度外，必须不断增加自己的资本总额，这是资本积累的内在动力。

第二，资本主义的竞争规律作为一种强制力量，也迫使资本家必须不断进行资本积累，以扩大生产规模和增强竞争能力，这是外在压力。

4. 资本积聚是指个别资本通过资本积累增大自己的资本总额。一个生产过程结束，资本家将剩余价值的一部分用于积累，资本量增大了（靠自身积累）。资本集中是指把原来分散的中小资本合并成少数大资本，借助于竞争和信用来实现的。

5. 试述相对人口过剩的形成及其作用和条件。（论述）

随着资本积累增加，资本有机构成不断提高。一方面，资本对劳动力的需求相对、甚至绝对地减少。另一方面，劳动力的供应不断增加。这就不可避免地产生失业人口，即相对过剩人口。所以，相对过剩人口是资本主义积累的必然产物，而且是资本主义生产方式存在和发展的必要条件：

（1）由于相对过剩人口的存在所形成的产业后备军，使资本主义生产的发展随时都能获得可榨取的劳动力。

（2）由于相对过剩人口的存在，资本家还可以加强对在业工人的剥削。

本章易考点

1. 把剩余价值作为资本使用，或者说剩余价值的资本化，叫作资本积累。

2. 剩余价值是资本积累的源泉，而资本积累又是扩大再生产的源泉。

PART 4 难点回顾

- 资本总公式的矛盾及其解决。
- 劳动力商品的价值决定。
- 不变资本和可变资本的区分及其意义。
- 剩余价值生产的基本方法。
- 相对剩余价值的形成。
- 绝对剩余价值生产与相对剩余价值生产的关系。
- 资本主义工资的本质及形式。
- 资本主义再生产的类型。
- 资本积累及其实质。

过考百科

必要劳动时间与剩余劳动时间

在资本主义条件下，工人的工作日分为两个部分：必要劳动时间，即为自己生产必要生活资料的时间；剩余劳动时间，即为资本家生产剩余价值的时间。在必要劳动时间不变的条件下，资本家只有把工作日延长到必要劳动时间以上，才能使工人为他生产剩余价值。资本家对雇佣工人的剥削程度与工作日的延长成正比。工作日愈长，剩余劳动时间就愈长，从而剩余价值就愈多，剥削程度也就愈高。假定工人工作日的长度为 8 小时，其中必要劳动时间和剩余劳动时间各为 4 小时，剩余价值率就是 100%。如果把工作日延长到 10 小时，必要劳动时间不变，仍为 4 小时，而剩余劳动时间则由 4 小时增加到 6 小时，剩余价值率便由 100%提高到 150%。

PART 5 真题演练

一、单选题

1. △【2014 年 7 月】剩余价值是工人（　　）

A. 全部劳动的产物　　B. 必要劳动的产物

C. 剩余劳动的产物　　D. 有酬劳动的产物

2. △【2015 年 4 月】某企业工作日为 12 小时，工人日工资 3 元，每天生产皮鞋两双，每双社会价值 12 元，其中生产资料转移价值 9 元、新创造价值 3 元，则资本家获剩余价值（　　）

A. 12 元　　B. 9 元

C. 6 元　　D. 3 元

3. △【2015 年 10 月】某企业工人的工作日为 12 小时，其中必要劳动时间为 6 小时，在该企业的剩余价值率是（　　）

A. 50%　　B. 100%

C. 150%　　D. 200%

4. △【2013 年 4 月】资本总公式是（　　）

A. $W—G—W$　　B. $G—W—G$

C. $G—W—G'$　　D. $G—G'$

5. 【2018 年 4 月】剩余价值率是剩余价值与（　　）

A. 可变资本的比率　　B. 不变资本的比率

C. 预付资本的比率　　D. 固定资本的比率

二、多选题

1. 【2013 年 4 月】资本主义劳动过程中的特点是（　　）

A. 工人有权参与对劳动过程的管理

B. 工人在资本家的监督下劳动

C. 工人的劳动产品全部归资本家所有

D. 工人劳动产品的一部分归资本家所有

E. 工人拥有劳动力的使用权

2. 【2014 年 7 月】对 $G—W—G'$ 资本总公式的分析，就可以发现（　　）

A. 资本流通的目的是价值增值

B. 资本是能够带来剩余价值的价值

C. 剩余价值是在流通中产生的

D. 剩余价值不从流通中产生又不能离开流通而产生

E. 在流通中购买的劳动力商品是货币转化为资本的条件

本章易错题

单选 1、2、3、4，需要牢牢掌握知识点，认真审题，避免作答失误。

△表示为高频考点。

三、主观题

1. 简述劳动力商品的价值决定。

2. 简述资本积累的客观必然性。

PART 6 答案解析

一、单选

1. 答案：C

解析：剩余价值是资本家雇佣工人在剩余劳动时间里创造的价值。

2. 答案：D

解析：工人每天生产两双鞋为 24 元，其中消耗掉的不变资本 2C=18 元，支付的工资为 3 元，那么获得的剩余价值=24－18－3=3 元。

3. 答案：B

解析：解析剩余价值率=剩余劳动时间/必要劳动时间=(12－6)/6=100%

4. 答案：C

解析：资本流通公式 $G—W—G$ 的两端都是货币，货币在本质上没有什么区别，都是一般等价物，都是社会财富的代表。而货币所有者拿出货币购买商品的目的不是为了换取同等数量的货币，而是为了通过交换过程获取更多的货币，在于价值的增值。即资本总公式准确形式为 $G—W—G'(G'=G+m)$，马克思将 m 称作剩余价值。

5. 答案：A

解析：剩余价值率是剩余价值与可变资本的比率。

二、多选

1. 答案：BC

解析：资本主义劳动过程是资本家消费他所购买的劳动力的过程。它具有以下两个特点：第一，工人在资本家的监督下劳动。第二，工人的劳动产品全部归资本家所有。

2. 答案：AD

解析：资本流通公式实际上是 $G—W—G'$ 目的是获取剩余价值；剩余价值不能从流通中产生。剩余价值也不能离开流通而产生。

三、主观题

1. 简述劳动力商品的价值决定。

答：

劳动力商品的价值是由生产和再生产劳动力商品的社会必要劳动时间决定的。

具体包括：劳动者本人所必需的生活资料的价值；劳动者养育子女所必需的生活资料的价值；劳动者接受教育和训练的费用。

此外，劳动力价值的决定还包括历史和道德的因素。

2. 简述资本积累的客观必然性。

答：

(1) 资本主义生产的目的决定资本家追求剩余价值的欲望是没有止境的。为此，资本家除提高剥削程度外，必须不断增加自己的资本总额，这是资本积累的内在动力。

（2）资本主义的竞争规律作为一种强制力量，也迫使资本家必须不断进行资本积累，以扩大生产规模和增强竞争能力，这是外在压力。

恭喜你完成了第四章的学习，全书章节已完成5/13。古之立大事者，不唯有超世之才，亦必有坚忍不拔之志。在此，记录下你的学习心得吧。

第五章　剩余价值的实现与分割

备考指南

本章需要了解资本只有在不断运动中才能得到增值的特性，明确考察资本循环主要是说明资本运动的连续性。明确分析社会资本再生产是从社会资本角度考察资本运动，认清社会资本再生产的实现条件反映了生产和需求之间的比例关系。分析剩余价值如何转化为利润，利润如何转化为平均利润，价值如何转化为生产价格的过程，揭示资本主义经济关系的实质。考察资本和剩余价值的各种具体形式，了解资本主义剥削阶级的各个集团是如何瓜分剩余价值的。

本章重要程度为★★，多以单选题、多选题、简答题形式出现，复习时，知识点中画线部分需反复记忆，可充分利用书中“小笔记”部分进行书写，确保熟记于心，自如运用到考试中。

学习目标

通过本章学习，您将掌握以下知识点：

1. 产业资本循环的三个阶段、采取的三种职能形式。
2. 产业资本循环及产业资本正常循环的条件。
3. 固定资本和流动资本的划分。
4. 剩余价值。

PART 1 本章知识宝图

本章共五小节，分别用星标做重要程度标注，★★★为高频考点；★★为中频考点；★为一般考点，可循序渐进复习。

- 剩余价值的实现与分割
  - ① 资本循环★★
    - 1.产业资本循环的三个阶段
    - 2.三种循环形式的统一
    - 3.产业资本正常循环的条件
  - ② 资本周转★★★
    - 1.资本周转速度
    - 2.固定资本与流动资本
    - 3.预付资本的总周转速度
    - 4.资本周转速度对剩余价值生产的影响
  - ③ 社会资本再生产★★
    - 1.社会资本再生产的核心问题
    - 2.社会资本简单再生产
    - 3.社会资本扩大再生产
  - ④ 平均利润与生产价格★★★
    - 1.剩余价值转化为利润
    - 2.利润转化为平均利润
    - 3.生产价格的形成
  - ⑤ 剩余价值的分割★★
    - 1.商业利润
    - 2.利息
    - 3.银行利润
    - 4.资本主义地租

PART 2 名师伴读

购买、生产、销售对应的职能、形式分别是什么？扫码学习吧！

登录 www. rdlearning. cn 查看完整内容。

PART 3 高频考点

小笔记

考点 020　资本循环

【★★二级考点，单选、多选、简答】

1. 资本是能够带来剩余价值的价值，资本只有不断地经过生产和流通过程，才能增值，实现其剥削职能。产业资本依次经过购买、生产、销

小笔记

售三个阶段，采取货币资本、生产资本、商品资本三种职能形式，实现了价值的增值，并回到原出发点的全部运动过程，叫作资本循环。生产阶段是实质性和决定意义的阶段。

2. 简述产业资本循环的条件。（简答）

第一，必须保持产业资本三种职能形式在空间上同时并存，即把预付资本按比例分成三份，并存于三种职能形式及三个循环形式上。

第二，必须保持产业资本的每一种职能形式和循环形式在时间上相继进行转化，三种职能形式及三个循环形式依次经过，不间断循环。

产业资本循环的两个条件互为前提、相互依存。产业资本运动的连续性遭到破坏，剩余价值就难以产生和实现。马克思指出：产业资本连续进行的现实循环，不仅是流通过程和生产过程的统一，而且是所有三个循环的统一。

本章易考点

1. 资本是能够带来剩余价值的价值。
2. 产业资本循环的两个条件互为前提、相互依存。

考点021　资本周转

【★★★一级考点，单选、多选、简答、辨析、论述】

1. 资本周转是指不断重复、周而复始的资本循环过程，就是资本周转。产业资本周转速度可以用周转时间和周转次数两个指标来衡量和反映。资本周转时间，即资本周转一次所花费的时间。它是由资本的生产时间和流通时间构成。生产时间包括劳动时间和非劳动时间。

生产时间由四部分构成：

（1）劳动时间；

（2）自然力独立作用于劳动对象的时间，劳动过程中断，但是，生产继续进行（如农作物生长期、酒类发酵）；

（3）生产资料储备时间；

（4）正常停工时间（检修设备）。

2. 划分固定资本和流动资本的依据是生产资本不同部分的价值周转方式。

3. 生产时间和流通时间是影响周转速度的直接因素，资本周转速度还取决于生产资本的构成，即取决于固定资本和流动资本的比例关系。划

小笔记

分固定资本和流动资本的依据是生产资本不同部分的价值周转方式。固定资本是以机器、设备、厂房、工具等劳动资料形式存在的生产资本。流动资本是以原料、燃料、辅助材料等劳动对象以及劳动力形式存在的生产资本。

4. 试述划分固定资本、流动资本与不变资本、可变资本的不同。（论述）

固定资本和流动资本的划分，与不变资本和可变资本的划分是根本不同的：

（1）划分的根据不同。前者是根据资本周转方式划分，后者是根据资本不同部分在剩余价值生产过程中的作用不同划分。

（2）划分的内容不同。不变资本包括用于劳动资料和劳动对象的资本，而固定资本只包括用于劳动资料的资本。可变资本只是用于劳动力的资本，而流动资本却包括用于劳动对象和劳动力的资本。

（3）划分的目的不同。固定资本和流动资本的划分，是为了揭示生产资本的不同部分对资本周转速度的影响；不变资本和可变资本的划分，是为了揭示可变资本是剩余价值的真正源泉，揭示了剥削的秘密。

5. 有形磨损是指机器、厂房等固定资本的物质要素的损耗，又称物质磨损。无形磨损是指固定资本在使用期内由于生产技术进步引起的资本价值贬值，又称为精神磨损。

6. 资本周转速度不是单指固定资本或流动资本的周转速度，而是指整个预付资本的总周转速度。

$$\text{预付资本的总周转速度}=\frac{\text{固定资本年周转价值}+\text{流动资本年周转价值}}{\text{预付资本总量}}$$

从此公式中看出，生产资本的构成对预付资本总周转速度的影响有两个方面：一是固定资本和流动资本的比例；二是固定资本和流动资本本身的周转速度。

7. 简述资本周转速度对剩余价值生产的影响。（简答）

加速资本周转对剩余价值生产有重大影响，可以提高年剩余价值量和年剩余价值率。

第一，加速周转，可以节省预付资本，特别是流动资本。

第二，可以增加年剩余价值量，提高年剩余价值率。

小笔记

本章易考点

1. 生产时间包括劳动时间和非劳动时间。

2. 依据生产资本不同部分的价值周转方式将资本划分为固定资本和流动资本。

考点 022 社会资本再生产

【★★二级考点，单选、多选、简答、论述】

1. 考察社会资本再生产的核心问题就是社会总产品的实现问题。

2. 简单再生产是指原有规模不变的重复生产，资本主义生产的特征是扩大再生产。从社会资本简单再生产的实现过程分析看出，实现条件有三个：

Ⅰ$(v+m)=$Ⅱc 该条件反映两大部类的交换关系，是基本实现条件。

引申条件Ⅰ$(c+v+m)=$Ⅰ$c+$Ⅱc 与Ⅱ$(c+v+m)=$Ⅰ$(v+m)+$Ⅱ$(v+m)$

两个条件说明，社会总产品，无论是生产资料还是消费资料实物或价值，必须等于两大部类需要。

3. 扩大再生产有两种方式：外延（单纯依靠增加生产要素）和内涵（依靠提高技术和生产效率）

4. 社会资本扩大再生产的前提条件。

第一，Ⅰ$(c+v+m)>$Ⅰ$c+$Ⅱc 和Ⅰ$(v+m)>$Ⅱc 说明生产资料的生产要有余额。

第二，生产消费资料的第二部类也要有余额Ⅱ$(c+v+m)>$Ⅰ$(v+m/x)+$Ⅱ$(v+m/x)$在公式两端都减去Ⅱ$(v+m/x)$，公式则写为Ⅱ$(c+m-m/x)>$Ⅰ$(v+m/x)$。

5. 对社会资本扩大再生产的实现过程的分析，基本明确了扩大再生产的三个实现条件：

Ⅰ$(v+\Delta v+m/x)=$Ⅱ$(c+\Delta c)$基本条件反映了两大部类之间关系，及保持适当比例的重要。Ⅰ$(c+v+m)=$Ⅰ$(c+\Delta c)+$Ⅱ$(c+\Delta c)$与Ⅱ$(c+v+m)=$Ⅰ$(v+\Delta v+m/x)+$Ⅱ$(v+\Delta v+m/x)$社会资本再生产的实现条件所反映的比例关系，是社会化大生产的客观要求，揭示了社会资本运动的内在规律。社会资本再生产的基本原理也反映了社会化大生产条件下经济运行的一般规律，对促进国民经济运行和发展具有重要意义。

小笔记

本章易考点

1. 资本主义生产的特征是扩大再生产。
2. 扩大再生产的条件。

考点 023　平均利润与生产价格

【★★二级考点，单选、多选、辨析】

1. 对资本家而言 c 和 v，就是生产成本，又称为**成本价格**，用 k 表示，商品价值的构成就变成了**$W=k+m$**。不再把剩余价值看成是可变资本的产物，而是全部预付资本的增加额时，剩余价值就取得了利润的形式，利润是剩余价值的转化形式。剩余价值率也就转化为利润率。P'和 m'有区别，在量上 $P'<m'$，掩盖了剥削程度。在质上，m'表明 m 来源于可变资本，P'则掩盖了该问题。

2. **简述利润率的影响因素。(简答)**

第一，剩余价值率高低。利润率的高低与剩余价值率成正比变化。

第二，资本有机构成的高低。就某个部门来说，利润率与资本有机构成是反向变动，资本有机构成越低，利润率越高。

第三，不变资本的节约。可以节约预付资本总量，从而提高利润率。

第四，资本周转速度的快慢。其他条件不变的情况下，周转越快，同量资本所带来的剩余价值越多，年利润率越高。

3. **平均利润**的形成是部门之间竞争的结果，是以**平均利润率**的形成为前提的。平均利润率不是各部门利润率的简单平均，只是利润率平均化的发展趋势。**平均利润率＝剩余价值总量/社会总资本**。

4. 随着利润转化为平均利润，商品价值构成转化为生产价格（生产价格＝**$k+P$**）。生产价格形成后，价值规律表现形式发生了变化，商品价格围绕**生产价格**上下波动，不再围绕价值波动。

本章易考点

1. 商品价值的构成就变成了 $W=k+m$
2. 平均利润率＝剩余价值总量/社会总资本

考点 024　剩余价值的分割

【★三级考点，单选、多选】

1. **商业资本**是从产业资本中分离出来的一种独立发挥作用的资本形

小笔记

式，执行商品资本的职能。商业利润，从表面看是贱买贵卖而来，这只是表明获得商业利润的途径。

2. 借贷资本是为了取得利息而暂时借给职能资本家（工业、农业和商业资本家）使用的闲置货币资本。是生息资本的一种形式，是从职能资本中游离出的闲置货币资本转化来的特殊资本形式。

3. 银行是专门经营货币资本的企业，具有两个职能：借贷双方的中介；经营与货币流通有关的技术性业务。银行资本由两个部分构成：一是自有资本；二是各种途径筹集到的货币资本。银行利润是贷款利息和存款利息的差额，再扣除经营银行的业务费用形成的。相当于银行资本家自有资本所获得的平均利润。参与了 m 分割。

4. 资本主义地租是农业资本家租种土地所有者的土地而缴纳给土地所有者的、超过平均利润的那部分剩余价值，即超额利润。它体现了农业资本家和土地所有者共同剥削农业工人的经济关系。

资本主义地租主要有级差地租和绝对地租。级差地租是与土地的不同等级相联系的地租，它是租种较优土地的农业资本家获得的、归土地所有者占有的农业超额利润，是农产品的个别生产价格低于社会生产价格差额所形成的。

绝对地租是由于土地私有权的垄断，租种任何土地的农业资本家都要向土地所有者缴纳的地租，它是农产品价值超过生产价格的余额。

本章易考点

1. 资本主义生产的特征是扩大再生产。
2. 扩大再生产的条件。

PART 4 难点回顾

- 产业资本循环的三个阶段。
- 资本周转时间由生产时间和流通时间构成。
- 固定资本和流动资本的划分与不变资本和可变资本的划分。
- 资本周转速度与固定资本的磨损。
- 预付资本总周转速度的计算。
- 资本周转速度对剩余价值生产的重大影响。
- 社会资本简单再生产的实现条件。

- 社会资本扩大再生产的实现过程。
- 社会资本扩大再生产的前提条件和实现条件。

过考百科

陈葡萄酒为什么比新葡萄酒贵?

市场上的陈葡萄酒要比新葡萄酒贵得多，但是葡萄酒只是放在酒中，并没有经过工人的劳动，这是不是违背了价值规律？既然葡萄酒放在那里可以增值，那么机器、原材料等生产资料是不是也能创价值呢？理解这一问题的关键就在于弄清楚价值与生产价格的关系。两种葡萄酒生产时所耗费的劳动时间是相等的，因而价值也一样。但陈葡萄酒在地窖中存放的时间长，因而其生产时间也长，尽管这段时间不创造价值，但由于需要预付的不变资本和保管费用增加了，即生产成本增加了，其生产价格自然也就高于葡萄酒的生产价格，陈酒比新酒贵也就不足为奇了。

PART 5 真题演练

一、单选题

1. △【2013 年 4 月】资本主义再生产周期的物质基础是（　　）

A. 流动资本替换　　B. 固定资本更新

C. 预付总资本更新　　D. 可变资本更新

2. △【2013 年 7 月】公式 $\text{I}(v+\triangle v+m/x)=\text{II}(c+\triangle c)$是（　　）

A. 社会资本简单再生产的基本实现条件

B. 社会资本扩大再生产的基本实现条件

C. 社会资本简单再生产的前提条件

D. 社会资本扩大再生产的前提条件

3. 【2014 年 7 月】一国一年内生产的全部物质资料的价值总和是（　　）

A. 社会总产品　　B. 社会总产值

C. 社会净产品　　D. 社会净产值

4. 【2015 年 4 月】资本主义再生产周期的物质基础是（　　）

A. 科技革命　　B. 资本积累

C. 资本集中　　D. 固定资本更新

5. △【2015 年 10 月】社会资本再生产的核心问题是社会总产品的（　　）

A. 质量　　B. 规模　　C. 生产　　D. 实现

6. 【2014 年 10 月】以厂房、机器、设备等劳动资料形式存在的资本属于（　　）

A. 固定资本 B. 流动资本 C. 可变资本 D. 生息资本

7. 【2013 年 4 月】生产价格的构成是生产成本加（ ）

A. 剩余价值 B. 利润 C. 平均利润 D. 超额利润

8. △【2014 年 7 月】利润是（ ）

A. 剩余价值的转化形式 B. 成本价格的转化形式

C. 商品价值的转化形式 D. 新创造价值的转化形式

9. △【2016 年 4 月】资本周转时间包括（ ）

A. 购买时间和生产时间 B. 生产时间和售卖时间

C. 生产时间和流通时间 D. 购买时间和售卖时间

本章易错题

1、2、5、8、9，需要牢牢掌握知识点，认真审题，避免作答失误。

△表示为高频考点。

二、主观题

1. 简述产业资本正常循环的条件。

2. 利润是怎样转化为平均利润的?

PART 6 答案解析

一、单选

1. 答案：B

解析：资本主义再生产周期的物质基础是固定资本的周期更新。一方面，由于固定资本的更新，推动了第一部类生产的发展和就业的增加，并由此带动了第二部类生产的发展和就业的增加。另一方面，随着固定资本的大规模更新，新技术的广泛应用，资本主义生产又开始走上了快车道。

2. 答案：B

解析：$\text{I}(v+\triangle v+m/x)=\text{II}(c+\triangle c)$，该公式集中反映了两大部类之间互为市场、互为条件、互相制约的关系，以及保持两大部类适当比例关系的重要性。这是社会资本扩大再生产的基本实现条件。

3. 答案：B

解析：社会总产品的实物形式是当年生产的生产资料和消费资料总和，用于满足社会再生产的需要。社会总产品的价值形式是一年内生产的全部物质资料的价值总和，也称为社会总产值。

4. 答案：D

解析：资本主义再生产周期的物质基础是固定资本的周期更新。一方面，由于固定资本的更新，推动了第一部类生产的发展和就业的增加，并由此带动了第二部类生产的发展和就业的增加。另一方面，随着固定资本的大规模更新，新技术的广泛应用，资本主义生产又开始走上了快车道。

5. 答案：D

解析：以社会总产品为出发点来研究社会资本再生产，核心问题是社会总产品的实现问题，即社会总产品的各个部分如何在价值上得到补偿，在实物上得到替换。

6. 答案：A

解析：固定资本是以机器、设备、厂房、工具等劳动资料形式存在的生产资本。

7. 答案：C

解析：生产价格是由商品的生产成本（k）加平均利润（p）构成的，用公式表示：生产价格$=k+p$。生产价格的形成，实际上是商品价值中的剩余价值部分在不同生产部门间进行平均分配的结果。

8. 答案：A

解析：利润只是剩余价值的转化形式，是资本全部预付资本带来的收益，其实质就是剩余价值。

9. 答案：C

解析：资本周转的时间主要包括生产时间和购买与销售的流通时间。

二、主观题

1. 简述产业资本正常循环的条件。

答：

第一，必须保持产业资本三种职能形式在空间上同时并存，即把预付资本按比例分成三份，并存于三种职能形式及三个循环形式上。

第二，必须保持产业资本的每一种职能形式和循环形式在时间上相继进行转化，三种职能形式及三个循环形式依次经过，不间断循环。

2. 利润是怎样转化为平均利润的？

答：

平均利润的形成是以平均利润率的形成为前提的，是部门之间竞争的结果。

平均利用率＝剩余价值总量/社会总资本。

各个部门的资本家按照平均利润率所得的利润，就是平均利润。

由于资本有机构成不同，各生产部门的利润率高低不等，资本从利润率低的部门转移到利润率高的部门。资本的转移引起各部门供求关系及商品价格的变动，在市场需求不变的情况下，利润率高的部门商品供给增加，导致供过于求，价格下降，利润率也随之下降。而利润低的部门则相反。资本转移和利润率的变动一直要持续到各部门的利润率大致相等才会停止。

恭喜你完成了第五章的学习，全书章节已完成 6/13。耕耘者最信得过自己的汗水，每一滴都孕育着一颗希望的种子。在此，记录下你的学习心得吧。

第六章　资本主义发展的历史趋势

备考指南

本章需要弄清垄断形成的原因，把握垄断与竞争的关系。分析垄断价格、垄断利润、价值规律之间的关系，掌握金融资本的含义、形成途径及金融寡头实现其统治的形式，把握资本输出形成的原因与带来的影响。理解国家垄断资本主义形成的原因，把握垄断资本主义的基本形式和实质。掌握资本主义基本矛盾的运动是经济危机爆发的根源，理解资本主义经济制度的历史过渡性，分析社会主义取代资本主义的客观必然性。

本章重要程度为★★，多以单选题、多选题、辨析题形式出现，复习时，知识点中画线部分需反复记忆，可充分利用书中“小笔记”部分进行书写，确保熟记于心，自如运用到考试中。

学习目标

通过本章的学习，您将掌握以下知识点：

1. 垄断资本主义的基本经济特征。
2. 资本输出及其形式。
3. 国家垄断资本主义的产生、发展、实质和基本形式。
4. 资本主义经济危机的周期性。

PART 1 本章知识宝图

本章共五小节，分别用星标做重要程度标注，★★★为高频考点；★★为中频考点；★为一般考点，可循序渐进复习。

- 资本主义发展的历史趋势
  - ① 资本主义自由竞争向垄断的过渡★
    - 1.生产集中
    - 2.生产集中产生垄断
    - 3.垄断与竞争
  - ② 垄断资本主义的基本经济特征★★★
    - 1.垄断组织与垄断利润
    - 2.金融资本和金融寡头
    - 3.垄断资本的国际化
    - 4.垄断资本主义的经济实质
  - ③ 国家垄断资本主义★
    - 1.国家垄断资本主义的产生和发展
    - 2.国家垄断资本主义的基本形式和实质
    - 3.国家垄断资本主义的宏观调控
  - ④ 资本主义经济危机★★
    - 1.资本主义经济危机产生的根源
    - 2.资本主义经济危机的周期性
    - 3.资本主义经济危机在当代的新表征
    - 4.资本主义经济危机的双重作用
  - ⑤ 资本主义发展的历史趋势★
    - 1.资本主义经济制度的历史过渡性
    - 2.当代资本主义经济的新变化
    - 3.社会主义取代资本主义的客观必然性

PART 2 名师伴读

除了卡特尔、辛迪加，还有哪些垄断组织形式？扫码观看吧！

登录 www. rdlearning. cn 查看完整内容。

PART 3 高频考点

小笔记

考点 025 资本主义自由竞争向垄断的过渡

【★三级考点，单选、多选、简答】

1. 资本主义发展经历了自由竞争和垄断资本主义两个阶段。

小笔记

2. 生产集中是社会生产资料和商品生产日益集中于少数大企业的过程。生产集中是私人垄断的物质基础，是自由竞争的必然结果。自由竞争引起生产集中，但并不是唯一因素。资本主义信用制度和股份公司的发展也是推动生产集中的有力杠杆。

3. 垄断竞争主要有三种形式：垄断组织内部的竞争、垄断组织之间的竞争、垄断组织与“局外企业”之间的竞争。

4. 试述垄断时期竞争的新特点。(简答、论述)

垄断时期竞争的特点：

(1) 竞争的目的不同。自由竞争时期是为了获得平均利润或超额利润，垄断竞争的目的是为了获取高额垄断利润。

(2) 竞争的手段不同。自由竞争时期，部门之间的竞争靠资本转移，部门内部的竞争主要靠技术进步，降低成本，击败对手。垄断阶段在经济上靠高压统治，政治上依仗政府的力量，战胜对手，有时采取暴力。

(3) 竞争的范围不同。自由竞争主要发生在国内经济领域。垄断竞争扩展到国外，由经济领域扩展到政治、军事、文化等诸多领域。

(4) 竞争的激烈程度和后果不同。自由竞争时期，参与竞争的是一些分散的、实力相对较弱的企业，因此竞争的程度不是很激烈，后果也不十分严重。垄断时期竞争主体是实力强大的垄断集团，竞争激烈造成的破坏性更严重。

本章易考点

1. 资本主义发展经历了两个阶段：自由竞争和垄断资本主义。
2. 垄断竞争的三种形式及垄断时期竞争的特点。

考点 026 垄断资本主义的基本经济特征

【★★二级考点，单选、多选、简答】

1. 垄断组织的主要形式有：

(1) 短期价格协定是最简单的垄断组织形式，是指大企业之间通过口头或书面方式，就某类商品的价格作出共同规定，以控制市场，获取垄断利润。

(2) 卡特尔是生产或销售同类商品的企业，通过在商品价格、产量和销售等方面订立协定而形成的同盟。参加卡特尔的企业在生产、商业和法律上仍然保持独立性。

小笔记

(3) 辛迪加是同一生产部门的一些大企业，为了共同采购原料和销售商品，而结成的垄断同盟，目的是高价销售商品和低价购买原材料。参加辛迪加的企业丧失了商业上的独立性。

(4) 托拉斯是由生产或经营同类产品或在生产上有密切联系的企业联合组成的大垄断集团。参加的企业在生产、商业和法律上都丧失了独立性，因此，它是更加稳定的垄断组织，是垄断组织的高级形式。

(5) 康采恩是以一两个实力雄厚的大企业或大银行为核心，通过跨部门、跨行业的联合形成的垄断集团。参加的企业形式上保持独立，实际上受大企业的控制。它是更为复杂的高级垄断组织形式。

(6) 混合联合公司是一种采取多样化经营方式的跨部门的新型垄断组织。一般没有长期固定的主体企业。

2. 垄断利润主要是通过垄断价格实现的。垄断价格是指垄断组织为了获取高额垄断利润，依靠其垄断地位规定的产品价格，具体可划分为垄断高价和垄断低价两种形式。垄断高价是垄断组织出售商品时规定的大大高于商品价值和生产价格的市场价格。垄断低价是指垄断组织在向非垄断企业、小生产者和经济落后国家购买生产资料时规定的低于商品价值或生产价格的价格。

3. 简述金融资本的形成途径。(简答)

金融资本形成的途径主要有两个：

(1) 资本的相互渗透，即垄断银行和工业垄断组织通过相互购买对方的股票和债券，以及通过银行创办新的工业企业，工业垄断组织创办新的银行的办法，实现资本的融合。

(2) 人事上的结合，双方互派人员进入对方的管理机构担任要职，相互控制。

4. 金融寡头是指掌握着庞大的金融资本的大垄断资本家或垄断资本家集团。金融寡头控制整个国民经济命脉和上层建筑，是垄断资本主义国家的主宰者。

(1) 金融寡头在经济上的统治主要是通过“参与制”实现的。“参与制”是指金融寡头通过掌握股票控制额的方式，控制和支配其他众多的企业。金融寡头首先用自己的资本掌握总公司，然后用“母公司”的资本买其他公司的股票，掌握股票控制额，以此类推。

(2) 金融寡头在政治上的统治主要是通过“个人联合”的方式，采取“拉出来”“打进去”的方法来实现的。这主要体现为金融寡头或者通过各种手段收买政府高级官员、国会议员等，对政府的内外政策施加影响，或

小笔记

者亲自出马或委派代理人到政府机关担任要职，直接操作国家机器。

（3）此外，金融寡头还通过建立各种咨询机构，影响政府决策，通过控制新闻、出版等媒体，影响社会。

5. 资本输出在自由竞争资本主义时期就已经存在，但数量很有限，当时对外经济关系的主要内容是商品输出。

6. 垄断是垄断资本主义最本质的、具有决定意义的经济特征，是垄断资本主义阶段的经济实质。

首先，垄断是资本主义进入垄断阶段的标志，在经济生活中占统治地位。

其次，垄断是垄断资本主义诸多经济特征的共同基础。

最后，垄断加深了资本主义的基本矛盾和其他一切矛盾。垄断加深和激化了资本主义各种矛盾，促使其加强对内剥削和对外掠夺。

本章易考点

1. 垄断利润主要是通过垄断价格实现的。

2. 金融寡头在经济上的统治主要是通过“参与制”实现的；在政治上的统治主要是通过“个人联合”的方式，采取“拉出来”“打进去”的方法来实现的。

考点027　国家垄断资本主义

【★★★一级考点，单选、多选、简答、论述】

1. 国家垄断资本主义，是指资产阶级国家政权与私人垄断资本相结合的垄断资本主义，其基本特征是国家对社会经济生活进行全面干预和调节。

2. 试述国家垄断资本主义的基本形式和实质。（简答、论述）

国家垄断资本主义大体有三种基本形式：

第一，国家直接掌握的垄断资本，或称国有企业垄断资本。形成途径：一是通过私人垄断企业“国有化”，二是国家利用财政手段，直接建立国有企业。

第二，国家与私人垄断资本在企业内部结合。这是国家与私人共同占有和经营的垄断资本，它的形成途径有三个：

一是国家购买私人企业的一部分股票。

二是国家将国有企业的一部分股票卖给私人垄断资本家。也就是国有

小笔记

企业吸收私人垄断资本入股。

三是国家与私人垄断资本家联合投资建立新的企业。

第三，国家与私人垄断资本在企业外部的合作。这种形式中，私人垄断企业仍然作为一个独立的经济实体而存在，但其活动是在国家干预和调节进行的，国家运用经济政策手段干预私人垄断企业。

国家垄断资本主义实质是垄断资产阶级利用国家政权的力量，维护垄断统治，保证垄断资产阶级获得高额利润。具体从三方面来看：

一是国家垄断资本主义没有改变资本主义生产关系的本质。

二是国家垄断资本主义以整个资产阶级获得高额垄断利润为目的。

三是国家垄断资本主义代表的是垄断资产阶级整体利益，在国家垄断资本主义条件下，国家成了垄断资产阶级总代表，理想的总资本家。

总之，国家垄断资本主义是在资本主义生产方式范围内对资本主义生产关系进行的重大调整，它突破了私人垄断资本的局限性，在一定时期、一定程度上促进了资本主义经济的发展，保证了垄断资本家获得高额垄断利润。

3. 宏观经济调控的目标主要包括：保持经济持续均衡增长，保持币值和物价的稳定，保持国内国际收支大体平衡，实现充分就业。

4. 宏观调控的目标是通过“国家调节市场，市场引导企业”的调节机制，通过国家运用经济手段、法律手段、行政手段实现的。一般情况下，国家对经济的调控主要采用经济手段和法律手段。特定情况下，国家也会使用行政手段直接干预经济。

5. 经济手段主要是指通过经济政策，如财政政策、货币政策、产业政策等来引导企业，使其活动符合国家调控的目标。

6. 财政政策是垄断资本主义进行宏观经济调控的重要经济杠杆和手段之一。财政政策包括财政收入政策和财政支出政策。从财政收入看，主要的财政收入渠道是税收，国家可以通过调整税收比例，调节消费与投资，使经济按政府意图发展。

本章易考点

1. 国家垄断资本主义的基本特征是国家对社会经济生活进行全面干预和调节。

2. 宏观经济调控的目标主要包括：保持经济持续均衡增长，保持币值和物价的稳定，保持国内国际收支大体平衡，实现充分就业。

3. 经济政策：财政政策、货币政策、产业政策。

小笔记

考点 028　资本主义经济危机

【★★★一级考点，单选、多选、简答、辨析、论述】

1. 1825 年英国首次爆发经济危机。1847 年开始，经济危机具有世界性。经济危机爆发的根源是资本主义基本矛盾，即生产的社会化和生产资料资本主义私人占有之间的矛盾。

2. 资本主义再生产周期，包括危机、萧条、复苏、高涨四个阶段。

（1）危机阶段是决定性阶段，既是上一周期的终点，又是下一周期的起点。表现：商品大量积压，价格下跌，停产、倒闭、失业，出现产业危机。资本家向银行挤兑，中小银行倒闭，引发货币信用危机。

（2）萧条阶段，价格不再下跌，失业队伍不再扩大。生产和市场仍不景气。

（3）复苏阶段，资本家为了剩余价值，进行固定资本更新，推动生产资料部门的发展，引起对劳动力的需求，就业增加，又引起生活资料的需求，推动了整个社会生产的恢复和发展。

（4）高涨阶段，市场容量猛增，生产迅速扩大，企业利润大幅增长，银行信贷极为活跃。表面繁荣又孕育新的危机。

3. 资本主义再生产周期的物质基础是固定资本的周期更新。这是因为：

（1）固定资本的大规模更新，为资本主义生产暂时摆脱危机，走向复苏和高涨，准备了物质条件。

（2）固定资本的大规模更新，又为下一次危机的到来奠定了物质基础。与此同时，资本有机构成不断提高，造成大量相对过剩人口，生产和消费的矛盾尖锐起来必然爆发危机。

4. 试述当前国际金融危机的特点、原因和根源。(多选、简答、论述)

金融资本成为资本主义发展的动力，当代资本主义的经济危机从“滞胀”危机演化为金融危机，它是资本主义危机在当代的新表征。

（1）国际金融危机的特点是：

1）首先发生在金融领域，而后向实体经济领域蔓延；

2）实体经济日趋萎缩，整个国民经济虚拟化；

3）各个阶层包括工薪阶层过度消费，使国民经济形成了严重的“消费泡沫”；

4）波及范围不断扩大，从发达国家传导到新兴市场国家。

（2）国际金融危机的爆发有多重原因：

小笔记

1）金融创新过度、金融监管不力。

2）经济过分虚拟化，各种金融衍生产品完全脱离了实体经济。

3）以美国为首的国际金融垄断资本主义形成。它的形成，强化了金融资本在生产中的地位，推动社会经济金融化、金融经济高度虚拟化和泡沫化，一旦世界经济流动性过剩和资金链条发生断裂，国际金融危机不可避免。

4）美国金融霸权制度的作用。美国依靠强大的军事力量、经济力量和科技实力，建立了全球金融霸权地位。它作为国际货币发钞国，通过货币扩张维持自己繁荣的同时，却使其他国家经受不起投机资本的冲击，而成为金融霸权的牺牲品。

（3）国际金融危机爆发的根源是资本主义基本矛盾的尖锐化。

考点 029　资本主义发展的历史趋势

【★三级考点，多选、简答、论述】

1. 资本主义生产方式的建立，必须具备两个基本的经济条件：一是有大量、有人身自由但丧失了一切生产资料的劳动者；二是在少数人手中集中了大量的货币财富。

2. 试述当代资本主义新变化。（简答、论述）

资本主义生产关系的自我调整，尤其是第二次世界大战之后的调整，促使资本主义的社会生产力发生了质的飞跃，并由此使当代资本主义的生产关系呈现出许多新的特点。

第一，生产力高度发展。

第二，资本占有更加社会化。

第三，经济运行相对有序化。

第四，收入分配趋向兼顾公平。

第五，金融资本的统治大大增强。

第六，阶级结构复杂化。

当代资本主义在生产力、生产关系等领域的新变化，特别是国家调节经济危机能力的增强，有力地维护了资本主义社会的稳定，促进了经济的快速发展。

本章易考点

1. 资本主义基本矛盾：生产的社会化和生产资料资本主义私人占有之间的矛盾。

2. 资本主义再生产周期包括四个阶段：危机、萧条、复苏、高涨。

PART 4 难点回顾

- 垄断资本主义时期垄断与竞争的关系。
- 垄断时期竞争的新特点。
- 垄断组织及其形式、实质。
- 垄断利润及其主要途径和最终来源。
- 资本主义经济危机的周期性。
- 社会主义取代资本主义的客观必然性。
- 资本主义经济危机的双重作用。
- 资本主义经济危机的实质及其爆发的原因。
- 资本主义再生产周期及其物质基础。

过考百科

垄断的含义

垄断（monopoly）一词源于《孟子》中："必求垄断而登之，以左右望而网市利"。原指站在市集的高地上操纵贸易，后来泛指把持和独占。中国自古称垄断为"榷"。古代中国的盐、铁、茶长期属于官营之垄断事业，因有暴利之故，国家一旦出现了财政危机，为贴补国用不足，必然实行禁榷制度。在资本主义经济里，垄断指少数资本主义大企业，为了获得高额利润，通过相互协议或联合，对一个或几个部门商品的生产、销售和价格进行操纵和控制。

PART 5 真题演练

一、单选题

1. △【2018年10月】自由竞争资本主义时期，资本主义国家对外经济关系的主要内容是（　　）

A. 劳务输出　　B. 商品输出　　C. 货币输出　　D. 资本输出

2. △【2018年10月】国家垄断资本主义（　　）

A. 改变了垄断资本主义的实质　　B. 突破了私人垄断资本的局限

C. 克服了资本主义的各种矛盾　　D. 消除了资本主义的经济危机

3. 生产和销售同类商品的企业，订立商品价格、产量和销售等协议协定形成的垄断组织形式是（　　）

A. 卡特尔　　B. 辛迪加　　C. 托拉斯　　D. 康采恩

4. 资本主义再生长周期的物质基础是（　　）

A. 生产相对过剩　　B. 生产绝对过剩

C. 固定资本更新　　D. 资本主义基本矛盾

5. 金融寡头实现经济上的统治主要通过（　　）

A. 股份制　　B. 参与制　　C. 合伙制　　D. 联合制

6. △私人垄断形成的物质基础是（　　）

A. 社会分工　　B. 市场竞争

C. 生产集中　　D. 劳动力成为商品

7. 垄断利润的实现主要是通过（　　）

A. 一般市场价格　　B. 垄断价格

C. 自由竞争价格　　D. 生产价格

8. △【2013 年 10 月】资本主义再生产周期中的决定性阶段是（　　）

A. 危机阶段　　B. 萧条阶段　　C. 复苏阶段　　D. 高涨阶段

9. △【2016 年 4 月】资本主义经济危机在当代的新表征是（　　）

A. 粮食危机　　B. 美元危机　　C. 石油危机　　D. 金融危机

本章易错题

1、2、6、8、9，需要牢牢掌握知识点，认真审题，避免作答失误。

△表示为高频考点。

二、主观题

1. 简述国家垄断资本主义的基本形式。

2. 简述金融资本的含义及形成途径。

PART 6 答案解析

一、单选

1. 答案：B

解析：自由竞争资本主义时期，资本主义国家对外经济关系的主要内容是商品输出。

2. 答案：B

解析：国家垄断资本主义是在资本主义生产方式范围内对资本主义生产关系进行的重大调整，它突破了私人垄断资本的局限性，在某种程度上缓和了资本主义的各种矛盾，但并没有改变垄断资本主义的实质。

3. 答案：A

解析：卡特尔是生产或销售同类商品的企业，通过在商品价格、产量和销售等方面订立协定而形成的同盟。参加卡特尔的企业在生产、商业和法律上仍然保持独立性。

4. 答案：C

解析：资本主义再生产周期的物质基础是固定资本的周期更新。

5. 答案：B

解析：金融寡头在经济上的统治主要是通过“参与制”实现的。“参与制”是指金融寡头通过掌握股票控制额的方式，控制和支配其他众多的企业。金融寡头首先用自己的资本掌握总公司，然后用“母公司”的资本买其他公司的股票，掌握股票控制额，以此类推。

6. 答案：C

解析：生产集中是社会生产资料和商品生产日益集中于少数大企业的过程。生产集中是私人垄断的物质基础，是自由竞争的必然结果。

7. 答案：B

解析：垄断价格是指垄断组织为了获取高额垄断利润，依靠其垄断地位规定的产品价格，具体可划分为垄断高价和垄断低价两种形式。

8. 答案：A

解析：资本主义经济危机的起点，同时也是资本主义再生产周期的决定环节，就是危机阶段。

9. 答案：D

解析：金融资本成为资本主义发展的动力，当代资本主义的经济危机从“滞胀”危机演化为金融危机，它是资本主义危机在当代的新表征。

二、主观题

1. 简述国家垄断资本主义的基本形式。

答：

（1）国家直接掌握的垄断资本，或称国有企业垄断资本。

（2）国家和私人垄断资本在企业内部的结合，即资产阶级国家和私人资本家共同占有和经营的垄断资本。

（3）国家和私人垄断资本在企业外部的结合。

2. 简述金融资本的含义及形成途径。

答：

金融资本是工业垄断资本和银行垄断资本相互渗透、彼此融合的资本。

金融资本形成的途径主要有两个：

（1）资本的相互渗透，即垄断银行和工业垄断组织通过相互购买对方的股票和债券，以及通过银行创办新的工业企业，工业垄断组织创办新的银行的办法，实现资本的融合。

(2) 人事上的结合，双方互派人员进入对方的管理机构担任要职，相互控制。

恭喜你完成了第六章的学习，全书章节已完成7/13。生命力的意义在于拼搏，因为世界本身就是一个竞技场。在此，记录下你的学习心得吧。

第三篇

社会主义经济制度及其运行

第七章　社会主义初级阶段的经济制度和经济体制

备考指南

本章需要理解社会主义基本经济制度的内涵。把握社会主义初级阶段基本经济制度的确立依据和社会主义公有制的主体地位。把握社会主义初级阶段基本分配制度的内涵和形成依据，了解社会主义初级阶段的其他分配方式。理解并把握社会主义市场经济的一般性和特殊性。了解企业的内涵和类型，把握现代企业制度的基本特征，分析社会主义市场体系的构成、市场机制，以及市场规则和市场秩序。

本章重要程度为★★，多以单选题、多选题、辨析题形式出现，复习时，知识点中画线部分需反复记忆，可充分利用书中“小笔记”部分进行书写，确保熟记于心，自如运用到考试中。

学习目标

通过本章的学习，您将掌握以下知识点：

1. 我国社会主义经济制度的建立。
2. 坚持公有制主体地位的客观必然性及其主要体现。
3. 公有制经济的内涵及其实现形式。
4. 社会主义经济中实行按劳分配的客观必然性。

PART 1 本章知识宝图

本章共四小节，分别用星标做重要程度标注，★★★为高频考点；★★为中频考点；★为一般考点，可循序渐进复习。

- 社会主义初级阶段的经济制度和经济体制
  - ① 社会主义初级阶段的基本经济制度★★★
    - 1.社会主义经济制度
    - 2.社会主义初级阶段基本经济制度确立的依据
    - 3.公有制的主体地位
    - 4.公有制的内涵和实现形式
    - 5.社会主义初级阶段的非公有制经济
  - ② 社会主义初级阶段的分配制度★★★
    - 1.多种分配方式并存的分配制度
    - 2.社会主义按劳分配
    - 3.社会主义初级阶段的其他分配方式
    - 4.理顺分配关系，规范分配秩序
  - ③ 社会主义市场经济体制★★
    - 1.社会主义市场经济的一般性和特殊性
    - 2.社会主义经济中政府和市场的关系
  - ④ 社会主义市场经济中的企业与市场★★★
    - 1.企业的含义和分类
    - 2.现代企业制度
    - 3.市场机制
    - 4.市场体系
    - 5.市场规则和市场秩序

PART 2 名师伴读

市场经济的一般性集中表现为什么呢？扫码观看吧！

登录 www. rdlearning. cn 查看完整内容。

人大芸窗职教学苑名师伴读系列

PART 3 高频考点

小笔记

考点 030　社会主义初级阶段的基本经济制度

【★★二级考点，单选、多选、简答】

1. 生产资料公有制是社会主义经济制度的基础。我国社会主义经济制度是在新民主主义革命取得胜利后，通过没收官僚资本、和平赎买资本等途径建立的。

第一，没收官僚资本，建立社会主义全民所有制；

第二，通过和平赎买民族资本，壮大社会主义全民所有制经济；

第三，改造个体私有经济，建立社会主义集体所有制经济。

2. 以公有制为主体、多种所有制经济共同发展的基本经济制度，是由社会主义性质和初级阶段国情决定的。

第一，公有制是社会主义经济关系的基础，是社会主义经济与资本主义经济的本质区别：

第二，社会主义初级阶段生产力发展状况，决定了多种所有制经济的存在。

第三，一切符合“三个有利于”的所有制形式都可以而且应该用来为社会主义服务。

3. 简述坚持公有制经济主体地位的原因。（简答）

坚持公有制主体地位的原因：

（1）生产资料公有制是社会主义制度的根本特征。社会的性质是由占统治地位的所有制形式决定的。

（2）坚持公有制主体地位才能保证经济发展的社会主义方向。在多种所有制并存的条件下，公有制经济的发展，可以巩固社会主义经济制度，也为其他经济的发展创造了平台。

（3）坚持公有制主体地位是实现共同富裕的根本保证。

4. 公有制经济的主体地位主要体现在：

第一，公有资产在社会总资产中占优势；公有资产占优势，不仅指量的优势，更注重质的提高；

第二，国有经济控制国民经济命脉，对整个经济发展起主导作用，国有经济的主导作用主要体现在控制力上。

5. 社会主义初级阶段公有制经济不仅包括国有经济和集体经济，还包括混合所有制经济中的国有成分和集体成分。公有制的实现形式反映的则是财产组织形式和经营方式，具有可变性和灵活性。

6. 股份合作制是一种兼股份制和合作制为一体，实现了劳动者劳动联合和资本联合相结合的集体所有制经济。

7. 非公有制经济包括个体经济、私营经济、外资经济等，都是社会主义市场经济的重要组成部分，是促进我国生产力发展的重要力量。个体经济是劳动者个人占有生产资料的基础上，从事个体劳动和经营的一种私有制经济。劳动者主要靠自己的劳动取得收入，是一种不带有剥削性质的

小笔记

私有经济。私营经济是以生产资料私人占有和雇佣劳动为基础，以获取利润为生产经营目的的私有制经济，是资本主义性质的经济。

本章易考点

1. 生产资料公有制是社会主义经济制度的基础。
2. 非公有制经济包括个体经济、私营经济、外资经济等。

考点 031　社会主义初级阶段的分配制度

【★★★一级考点，单选、多选、简答、论述】

1. 社会主义初级阶段，个人收入分配实行以按劳分配为主体、多种分配方式并存的制度。实行这一制度是由我国社会主义性质和初级阶段国情决定的。

2. 按劳分配的主体地位体现在：

（1）在整体社会收入分配中，虽然存在多种分配方式，但由于公有制经济占主体，在公有制经济中就业的劳动者占多数，所以按劳分配必然是主体。

（2）在公有制企业劳动者收入中，尽管多样化，有股息、债券利息收入，但按劳分配的收入仍占较大比重。

（3）公有制企业按劳分配的收入量，是其他所有制经济中劳动者收入水平的参照标准。

3. 简述在社会主义初级阶段按劳分配的实施呈现出哪些新的特点。（简答）

（1）按劳分配通过商品货币形式实现。

（2）按劳分配主要是以企业为单位进行。企业都是独立的生产经营主体，具有独立的经济利益，是自主的收入分配主体。分配问题完全由企业按自身内部状况确定。

（3）按劳分配的实现程度受市场机制和货币工资形式的制约。劳动者的劳动是否被承认，企业经营状况不同，收入也不同。用货币工资买了多少消费品，受物价的影响，从而影响按劳分配的实现程度。

4. 在社会主义初级阶段，个人收入分配方式除了按劳分配以外，还存在着其他分配方式，主要有以下几种：

（1）按资本分配。

（2）按资金分配。按资金分配的收入属于非剥削收入。普通劳动者通

小笔记

过购买股票、债券、银行储蓄所获得的股息、红利、利息，以及个体劳动者、承包农户的投资收入，都属于非剥削性质的资金收入。

（3）按劳动力价值分配。

（4）按技术、信息、房地产等要素分配。

（5）个体劳动收入。

5. 试述如何理顺分配关系，规范分配秩序。（简答、论述）

（1）理顺分配关系，要正确看待社会主义初级阶段个人收入差距。

（2）理顺分配关系，还要正确处理好公平与效率的关系。

（3）理顺分配关系，必须加大收入分配的调节力度，形成合理有序的收入分配格局。

第一，着重保护劳动所得，努力实现劳动报酬增长和劳动生产率提高同步，提高劳动报酬在初次分配中的比重，健全资本、知识、技术、管理等由要素市场决定的报酬机制。

第二，完善以税收、社会保障、转移支付为主要手段的再分配调节机制，加大税收调节力度，缩小收入差距。

第三，改革机关事业单位工资和津贴补贴制度，完善艰苦边远地区津贴增长机制，发挥收入分配的激励作用。

第四，赋予农民更多的财产权利，推进城乡要素平等交换，维护农民生产要素权益，保障农民工同工同酬，保障农民公平分享土地增值收益。

第五，建立个人收入和财产信息系统，保护合法收入，调节过高收入，清理规范隐性收入，取缔非法收入，增加低收入者收入，扩大中等收入者比重。

本章易考点

1. 社会主义初级阶段的分配制度：按劳分配为主、多种分配方式并存。

2. 理顺分配关系，规范分配秩序。

考点 032 社会主义市场经济体制

【★★★一级考点，单选、多选、简答、辨析、论述】

1. 社会主义市场经济是社会主义制度下的市场经济，是社会主义基本制度与市场经济相结合的市场经济。市场经济的一般规律不会随其所服务的社会制度的改变而改变。市场经济的一般性集中表现在：（1）经济关

小笔记

系市场化；（2）企业行为自主化；（3）宏观调控间接化；（4）经济管理法制化。

考点 033　社会主义市场经济中的企业与市场

【★★★二级考点，单选、多选、简答、论述】

1. 企业是生产商品或服务以获取利润的基本经济组织。按照所有制划分，我国现阶段企业可划分为：国有制企业、集体所有制企业、混合所有制企业、私营企业、中外合资、中外合作、外商独资。按照财产组织制度和资本组织形式划分，有个人业主制、合伙制、公司制三种类型。公司制企业主要有两种形式：有限责任公司、股份有限公司。

2. 股份有限公司的主要特征是：

（1）公司的资本总额平分为金额相等的股份；

（2）公司向股东发行股票，经过审定批准，公司的股票可以上市交易；

（3）股东以其所认购股份对公司承担有限责任，公司以其全部资产对公司债务承担责任；

（4）每一股有一票表决权，股东以其所持有的股份，享有权利，承担义务。

3. 产权清晰是指出资者拥有的财产所有权和企业拥有的法人财产权要有明确的界定。国有企业的产权清晰强调的是，国有企业中的国有资产所有权属于国家。

4. 市场经济运行中，各市场要素之间相互作用、互为因果的联系和作用，就是市场机制。它是一个有机整体，主要包括：价格机制、供求机制、竞争机制。价格机制是市场机制的基本机制。

5. 没有健全的市场体系，市场配置资源的功能难以发挥。市场体系可以简单分为商品市场和生产要素市场。其中商品市场包括消费品市场和生产资料市场。

6. 生产要素的商品化，形成了金融市场、劳动力市场、房地产市场、信息市场、技术市场等，这些是以各种生产要素为交易对象的市场。社会主义市场体系不仅是完整的，而且是统一、开放、竞争和有序的。

7. 生产资料市场既属于商品市场，也是重要的和基本的生产要素市场。

8. 市场规则是指以法律、法规、契约、公约等形式确定下来的各市场主体共同遵守的行为准则和规范。市场规则可以分为：市场进出规则、市场竞争规则、市场交易规则。

本章易考点

小笔记

1. 公司制企业主要有两种形式：有限责任公司、股份有限公司。
2. 市场机制：价格机制、供求机制、竞争机制。

PART 4 难点回顾

- 生产资料公有制是社会主义经济制度的基础。
- 我国社会主义经济制度的建立。
- 我国社会主义初级阶段的基本经济制度及其确立依据。
- 坚持公有制主体地位的客观必然性及主要体现。
- 非公有制经济是社会主义市场经济的重要组成部分。
- 按劳分配的主要内容。
- 造成收入差距的原因。
- 市场在资源配置中起决定性作用。

过考百科

资源的内涵

在经济学中，资源有狭义和广义之分。狭义资源是指自然资源；广义资源是指经济资源或生产要素，包括自然资源、劳动力和资本等。可以说，资源是指社会经济活动中人力、物力和财力的总和，是社会经济发展的基本物质条件。在任何社会，人的需求作为一种欲望是无止境的，而用来满足人们需求的资源却是有限的，因此，资源具有稀缺性。

PART 5 真题演练

一、单选题

1. △【2018 年 10 月】现阶段公有制范围内实行按劳分配的主体是（　　）

A. 国家　　B. 地方　　C. 企业　　D. 个人

2. △非公有制经济是社会主义市场经济的（　　）

A. 基础　　B. 主体　　C. 重要组成部分　　D. 辅助部分

3. 普通劳动者通过购买股票获得的股息属于（　　）

A. 经营性收入　　B. 资金收入　　C. 劳动收入　　D. 福利性收入

4. 对我国经济发展起主导作用的是（　　）

A. 集体经济　　B. 国有经济　　C. 私营经济　　D. 外商经济

5. △【2018 年 4 月】在社会主义初级阶段的基本经济制度中，居主体地位的是（　　）

A. 公有制经济　　B. 个体经济　　C. 私营经济　　D. 外资经济

6. △【2014 年 7 月】在社会主义市场经济中按劳分配的实现形式为（　　）

A. 劳动券　　B. 劳动证书　　C. 实物配给　　D. 商品货币

7. 【2014 年 10 月】在社会主义市场经济中，按劳分配的主要（　　）

A. 以国家为单位进行　　B. 以行业单位进行

C. 以企业为单位进行　　D. 以家庭为单位进行

8. △【2016 年 4 月】社会主义初级阶段占据主体地位的分配方式是（　　）

A. 按资本分配　　B. 按资金分配

C. 按劳分配　　D. 按劳动力价值分配

9. 【2013 年 10 月】既属于商品市场，又是生产要素市场的是（　　）

A. 生产资料市场　　B. 劳动力市场

C. 金融市场　　D. 消费品市场

10. 市场机制是一个有机整体，不包括（　　）

A. 信用机制　　B. 价格机制

C. 竞争机制　　D. 供求机制

本章易错题

1、2、5、6、8，需要牢牢掌握知识点，认真审题，避免作答失误。

△表示为高频考点。

二、主观题

1. 简述市场规则的概念及其构成。

2. 简述社会主义市场经济条件下按劳分配的特点。

PART 6 答案解析

一、单选

1. 答案：C

解析：现阶段公有制范围内实行按劳分配的主体是企业。

2. 答案：C

解析：非公有制经济包括个体经济、私营经济、外资经济等，都是社会主义市场经济的重要组成部分，是促进我国生产力发展的重要力量。

3. 答案：B

解析：普通劳动者通过购买股票、债券、银行储蓄所获得的股息、红利、利息，以及个体劳动者、承包农户的投资收入，都属于非剥削性质的资金收入。

4. 答案：B

解析：国有经济控制国民经济命脉，对整个经济发展起主导作用，国有经济的主导作用主要体现在控制力上。

5. 答案：A

解析：生产资料公有制是社会主义经济制度的基础。公有制为主体、多种所有制经济共同发展的基本经济制度，是中国特色社会主义制度的重要支柱，也是社会主义市场经济体制的根基。

6. 答案：D

解析：在社会主义初级阶段，由于社会主义自身的发展尚不成熟，特别是社会主义市场经济的发展，使按劳分配的实现呈现出一些新的特点。

第一，按劳分配通过商品货币形式实现。

第二，按劳分配主要以企业为单位进行。

第三，按劳分配的实现程度受市场机制和货币工资形式的制约。

7. 答案：C

解析：在社会主义初级阶段，由于社会主义自身的发展尚不成熟，特别是社会主义市场经济的发展，使按劳分配的实现呈现出一些新的特点。

第一，按劳分配通过商品货币形式实现。

第二，按劳分配主要以企业为单位进行。

第三，按劳分配的实现程度受市场机制和货币工资形式的制约。

8. 答案：C

解析：在社会主义初级阶段，个人收入分配实行以按劳分配为主体，多种分配方式并存的制度。这一分配制度是由我国社会主义的性质和初级阶段的国情决定的。

9. 答案：A

解析：生产资料既是商品，又是原材料。

10. 答案：A

解析：市场机制是一个有机的整体，主要包括价格机制、供求机制和竞争机制。

二、主观题

1. 简述市场规则的概念及其构成。

答：

市场规则是指以法律、法规、契约、公约等形式确定下来的各市场主体共同遵守的行为准则和规范。

市场规则可分为市场进出规则、市场竞争规则、市场交易规则。

2. 简述社会主义市场经济条件下按劳分配的特点。

答：

在社会主义初级阶段，由于社会主义自身的发展尚不成熟，特别是社会主义市场经济的发展，使按劳分配的实现呈现出一些新的特点。

第一，按劳分配通过商品货币形式实现。

第二，按劳分配主要以企业为单位进行。

第三，按劳分配的实现程度受市场机制和货币工资形式的制约。

恭喜你完成了第七章的学习，全书章节已完成 8/13。奋斗的双脚在踏碎自己的温床时，却开拓了一条创造之路。在此，记录下你的学习心得吧。

第八章　社会主义经济增长与经济发展

备考指南

本章需要把握经济增长与经济发展的区别，认识经济发展观念的重大变化。掌握经济发展的本质要求，明确科学发展就是要在发展过程中处理好以人为本、全面协调可持续、统筹兼顾等问题。掌握经济结构优化的基本规律，明确产业结构、城乡结构、区域结构优化是优化经济结构的主要内容。认识加快转变经济发展方式的必要性和重大意义，把握转变经济发展方式的内涵和基本要求。

本章重要程度为★★，多以单选题、多选题、辨析题、简答题形式出现，复习时，知识点中画线部分需反复记忆，可充分利用书中“小笔记”部分进行书写，确保熟记于心，自如运用到考试中。

学习目标

通过本章学习，您将掌握以下知识点：

1. 经济增长及其影响因素。
2. 影响经济发展的主要因素。
3. 五大发展新理念的基本内容和要求。
4. 实现区域经济结构的优化。

PART 1 本章知识宝图

本章共三小节，分别用星标做重要程度标注，★★★为高频考点；★★为中频考点；★为一般考点，可循序渐进复习。

- 社会主义经济增长与经济发展
  - ① 从经济增长到科学发展★★★
    - 1.经济增长
    - 2.经济发展
    - 3.以新的理念发展经济
  - ② 经济结构的优化★★★
    - 1.产业结构的优化
    - 2.城乡结构的优化
    - 3.区域经济结构的优化
  - ③ 经济发展方式转变★★
    - 1.加快转变经济发展方式的必要性和意义
    - 2.转变经济发展方式的内涵
    - 3.加快转变经济发展方式的基本要求

PART 2 名师伴读

经济发展包括总量增加、结构优化、质量提高，还有什么吗？扫码观看吧！

登录 www.rdlearning.cn 查看完整内容。

PART 3 高频考点

小笔记

考点 034 从经济增长到科学发展

【★★二级考点，单选、多选、简答、论述】

1. 经济增长就其内涵来说，反映的只是经济总量的增长，只用这一个指标衡量经济活动是有局限性的。

2. 经济发展是指一个国家随着经济增长而出现的经济结构优化、升级和整体水平的提高。其内涵包括：(1) 经济总量的增长。(2) 经济结构的优化、升级。(3) 经济质量的提高。

3. 按照经济发展的内涵，我们追求的不仅仅是数量增长，而是伴随着经济增长必须有结构优化和质量提高。从经济发展模式看有两种，一种是外延型，主要依靠生产要素数量的增加，实现经济增长。一种是内涵

小笔记

型，主要是依靠技术进步、生产效率的提高和结构优化来实现经济增长。经济发展模式有时区分为粗放型和集约型两种发展模式。粗放型与外延型经济增长的内容基本一致。集约型与内涵型内容基本一致。

4. 试述我国提出的五大发展理念的内容。(简答、论述)

我国《国民经济和社会发展第十三个五年规划的建议》鲜明地彰显了这一特征。创新、协调、绿色、开放、共享五大发展理念是领航全面建成小康社会，关系发展全局的深刻变革，是发展思路、发展方向、发展着力点的先导和集中体现。五大发展理念的主要内容是：

第一，创新发展。创新发展是全面建成小康社会的第一动力。

第二，协调发展。协调发展是全面建成小康社会的内在要求。

第三，绿色发展。绿色发展是全面建成小康社会的必要条件。

第四，开放发展。开放发展是中国特色的发展之路，也是全面建成小康社会必须遵循的道路。

第五，共享发展。共享发展是全面建成小康社会的本质要求。

本章易考点

1. 经济发展的内涵：经济总量的增长；经济结构的优化、升级；经济质量的提高。

2. 五大发展理念：创新、协调、绿色、开放、共享。

考点 035　经济结构的优化

【★★二级考点，单选、多选、简答】

1. 经济结构的优化包括：产业结构的优化、城乡结构的优化、区域经济结构的优化。

2. 我国的划分是：第一产业是指农、林、牧、渔业和农林牧渔服务业。第二产业是采矿业、制造业、电力、煤气及水的生产和供应业、建筑业。第三产业是指除第一、二产业之外的其他行业，即广义的服务业。在生产力十分低下时，第一产业比重最大，称为农业社会。第二产业占优势比重时称为工业社会。生产力高度发达时第三产业成为最主要的产业，称为服务型社会。

3. 简述农业基础经济地位的表现。(简答)

尽管农业在国民经济中所占的比重呈现不断下降的趋势，但这丝毫不影响农业的重要地位和作用。农业是国民经济的基础，主要表现在：

小笔记

第一，农业为人们生存和发展提供最基本的生活资料，是解决13亿人吃饭的基础产业，是其他产业发展的基础。

第二，农业为其他产业发展提供原材料和劳动力。

第三，农业为其他产业发展提供广阔的市场。

4. 在农村人口向城市流动的过程中，首先表现为农业剩余劳动力向城市转移。在农业与工业、其他产业的关系中，重中之重是解决好农业现代化的问题。在全面建设小康社会，实现现代化的过程中，最大的、最困难的问题是如何实现农业现代化问题。

5. 导致区域经济发展不平衡的主要因素有：(1) 区域自然条件的差异。(2) 资源禀赋的差异。(3) 分工水平的差异。(4) 区域经济结构差异。(5) 社会历史的差异。

本章易考点

1. 经济结构的优化包括：产业结构的优化、城乡结构的优化、区域经济结构的优化。

2. 生产力高度发达时第三产业成为最主要的产业，称为服务型社会。

考点036 经济发展方式转变

【★三级考点，简答、论述】

1. 试述加快转变经济发展方式的必要性。(简答、论述)

加快转变经济发展方式是我国在新时期经济发展的主线。因为在科学发展观的指导下，我们认识到加快转变经济发展方式的必要性，体现在三方面：

第一，加快转变经济发展方式是不断提高经济发展质量和效益的客观要求；

第二，加快转变经济发展方式是实现国民经济又好又快发展的客观要求；

第三，加快转变经济发展方式是不断提高人民生活水平和质量的客观要求。

2. 简述转变经济发展方式的内涵。(简答)

加快转变经济发展方式，促进国民经济又好又快发展，大力推动经济增长由粗放型向集约型转变，由片面追求经济增长向全面协调可持续发展

小笔记

转变，关键在于实现“三个转变”。

第一，实现经济增长由主要依靠投资、出口拉动向依靠消费、投资、出口协调拉动转变。

第二，实现经济增长由主要依靠第二产业带动向依靠第一、第二、第三产业协同带动转变。把提高经济增长贡献率的着力点放在加快第三产业的发展上，通过提高第三产业在国民经济中的比重。

第三，实现经济增长由主要依靠增加物质资源消耗向主要依靠科技进步、劳动者素质 提高、管理创新转变。经济增长主要靠什么要素来驱动，实质上反映了国家创新能力的强弱。

3. 试述加快转变经济发展方式的基本要求。(简答、论述)

为切实保证转变经济发展方式的顺利实现，必须把握以下五个基本要求：

第一，坚持把经济结构战略性调整作为加快转变经济发展方式的主攻方向。

第二，坚持把科技进步和创新作为加快转变经济发展方式的重要支撑。

第三，坚持把保障和改善民生作为加快转变经济发展方式的根本出发点和落脚点。

第四，坚持把建设资源节约型、环境友好型社会作为加快转变经济发展方式的重要着力点。

第五，坚持把改革开放作为加快转变经济发展方式的强大动力。

本章易考点

1. 加快转变经济发展方式是我国在新时期经济发展的主线。
2. 转变经济发展方式关键在于实现“三个转变”。

PART 4 难点回顾

- 经济增长及其影响因素。
- 经济发展及其与经济增长的关系。
- 经济发展的基本模式。
- 五大发展新理念的基本内容和要求。
- 产业结构的调整与优化。

加快转变经济发展方式的内涵。

加快转变经济发展方式的基本要求。

过考百科

"五大发展理念"

中国共产党第十八届中央委员会第五次全体会议，于2015年10月26日至29日在北京举行。全会强调，实现"十三五"时期发展目标，破解发展难题，厚植发展优势，必须牢固树立并切实贯彻创新、协调、绿色、开放、共享的发展理念。这是关系我国发展全局的一场深刻变革。

PART 5 真题演练

一、单选题

1. △【2017年10月】全面建成小康社会的第一动力是（　　）

A. 创新发展　B. 协调发展　C. 绿色发展　D. 开放发展

2. 【2013年7月】与集约型经济增长内容基本一致的是（　　）

A. 粗放型经济增长　B. 外延型经济增长

C. 内涵型经济增长　D. 数量型经济增长

3. 【2013年10月】经济增长反应的是（　　）

A. 经济总量的增长　B. 生态环境的保护

C. 社会稳定的程度　D. 人民生活的改善

4. △【2015年4月】外延型的经济增长主要依靠（　　）

A. 生产要素增加　B. 生产效率提高

C. 经济结构优化　D. 技术进步

5. 【2013年4月】农业社会中占最大比重的产业是（　　）

A. 第一产业　B. 第二产业

C. 第三产业　D. 新兴产业

6. △【2016年10月】社会总需求的组成部分是（　　）

A. 消费、投资、出口　B. 消费、投资、进口

C. 收入、消费、投资　D. 收入、储蓄、进口

7. 社会主义经济发展中，经济结构的优化不包括（　　）

A. 产业结构的优化　B. 城乡结构的优化

C. 区域经济结构的优化　D. 社会结构的优化

本章易错题

1、4、6，需要牢牢掌握知识点，认真审题，避免作答失误。

△表示为高频考点。

二、主观题

1. 简述加快转变经济发展方式的内涵。

2. 简述农业是国民经济的基础。

3. 简述加快转变经济发展方式的必要性。

PART 6 答案解析

一、单选

1. 答案：A

解析：创新发展。创新发展是全面建成小康社会的第一动力。创新不能仅仅停留在工作和实际操作层面，必须提高到理念层次。要把创新摆在国家发展全局的核心位置，让创新贯穿党和国家的一切工作。理念的变革具有决定性的作用。创新发展也是“新常态”下解决发展动力的核心问题。

2. 答案：C

解析：粗放型经济增长与外延型经济增长的内容基本一致，集约型经济增长与内涵型经济增长的内容基本一致。

3. 答案：A

解析：经济增长主要指的经济总量的增长。

4. 答案：A

解析：外延型的经济发展模式主要是依靠生产要素数量的增加来实现经济增长。

5. 答案：A

解析：在生产力水平十分低下的时候，占最大比重的是第一产业，我们称之为农业社会。随着生产力水平的提高，第二产业逐渐占优势比重，我们称之为工业社会。到了生产力高度发达的时候，第三产业成为社会经济中最主要的产业，其产值和就业人数都占有绝对比重，我们称之为服务型社会。

6. 答案：A

解析：实现经济增长由主要依靠投资、出口拉动向依靠消费、投资、出口协调拉动，消费、投资和出口也被称之为构成社会总需求的三驾马车。

7. 答案：D

解析：社会主义经济发展中，经济结构的优化主要包括：产业结构的优化、城乡结构的优化、区域经济结构的优化。

二、主观题

1. 简述加快转变经济发展方式的内涵。

答：

（1）实现经济增长由主要依靠投资、出口拉动向依靠消费、投资、出口协调拉动转变。

（2）实现经济增长由主要依靠第二产业带动，向依靠第一，第二，第三产业协同带动转变。

（3）实现经济增长由主要依靠增加物质资源消耗，向主要依靠科技进步、劳动者素质提高、管理创新改变。

2. 简述农业是国民经济的基础。

答：

（1）农业为人们生存和发展提供最基本的生活材料，只有农业提供充足的农产品，其他各项事业的发展才有基础和条件。

（2）农业为其他产业发展提供原材料和劳动力。

（3）农业为其他产业发展提供广阔的市场。

3. 简述加快转变经济发展方式的必要性。

答：

（1）加快转变经济发展方式是不断提高经济发展质量和效益的客观要求。

（2）加快转变经济发展方式是实现国民经济又好又快发展的客观要求。

（3）加快转变经济发展方式是不断提高人民生活水平和质量的客观要求。

恭喜你完成了第八章的学习，全书章节已完成 9/13。生活的激流已经涌现到万丈峭壁，只要再前进一步，就会变成壮丽的瀑布。在此，记录下你的学习心得吧。

第九章　社会主义经济的宏观调控与保障体系

备考指南

本章需要把握社会主义宏观经济运行中社会总产品和国民收入的内涵、社会总供给与总需求的关系，以及积累和消费的关系。把握政府宏观调控的目标和政策，以及运用的主要调控手段，认识建立社会保障体系的必要性和作用，把握社会保障体系的特征和基本原则。认识建立符合中国国情和经济发展水平实际的社会保障体系的必要性。

本章重要程度为★★★，多以单选题、多选题、简答题、论述题形式出现，复习时，知识点中画线部分需反复记忆，可充分利用书中“小笔记”部分进行书写，确保熟记于心，自如运用到考试中。

学习目标

通过本章的学习，您将掌握以下知识点：

1. 决定和影响国民收入增长的主要因素。
2. 国民收入的初次分配和再分配。
3. 社会总供给与总需求之间不平衡的表现。
4. 社会主义经济宏观调控的手段。

PART 1 本章知识宝图

本章共三小节，分别用星标做重要程度标注，★★★为高频考点；★★为中频考点；★为一般考点，可循序渐进复习。

社会主义经济的宏观调控与保障体系

- ① 社会主义宏观经济运行的基本关系★★★
  - 1.社会总产品和国民收入
  - 2.社会总供给与总需求的关系
  - 3.积累和消费的关系
- ② 政府对经济的宏观调控★★★
  - 1.社会主义经济的宏观调控
  - 2.宏观调控的目标和政策
  - 3.社会主义经济宏观调控的依据
- ③ 社会主义经济发展的保障体系★★★
  - 1.建立社会保障体系的必要性和作用
  - 2.社会保障体系的基本特征和基本原则
  - 3.建立符合国情的社会保障体系

PART 2 名师伴读

国家预算、银行信贷、劳务费用、价格变动是再分配的四个途径，扫码看看，还有哪些知识点？

登录 www. rdlearning. cn 查看完整内容。

PART 3 高频考点

小笔记

考点 037 社会主义宏观经济运行的基本关系

【★★二级考点，单选、多选】

1. 社会总产品的价值形式是一年内生产的全部物质资料的价值总和，也称为社会总产值。社会总产值是指生产过程中转移到产品中的生产资料价值和新创造价值之和。

2. 国民收入是物质生产部门劳动者当年活劳动创造的新价值。用字母表示，即$v+m$。

3. 社会总产品或社会总产值是整个社会在一定时间内生产的物质产品的数量，其主要是反映生产能力的大小。决定和影响国民收入增长的主要因素有：第一，通过增加投入的生产要素数量来实现国民收入增长。第二，通过提高劳动生产率实现国民收入增长。第三，通过节约生产资料实

小笔记

现国民收入增长。

4. 国民收入创造出来后，要经过分配过程才能形成社会各方面的收入。国民收入分配包括初次分配和再分配。初次分配是指国民收入在物质生产领域内进行的分配。再分配是指国民收入进行初次分配之后，在整个社会范围内进行的分配。

5. 在国有企业中，国民收入经过初次分配以后，形成三部分收入：**(1) 以税金和利润分红的形式形成国家集中的纯收入。(2) 以企业基金的形式归企业支配，形成企业的收入。(3) 以工资、奖金的形式形成职工的收入**。

6. 在集体企业中，经过初次分配形成四部分收入：

(1) 以税金的形式形成国家的纯收入；

(2) 以企业基金的形式形成企业收入；

(3) 以分红的形式形成出资单位的收入；

(4) 以工资、奖金的形式形成职工的收入。

7. 对国民收入进行再分配的主体是国家，再分配的主要途径有四条：

(1) 国家预算。国家预算是国家制定的财政收支计划，这是国民收入再分配的主要途径。

(2) 银行信贷。是通过改变资金的使用主体、使用方向、使用时间，实现对国民收入的再分配。

(3) 劳务费用。非物质生产部门的劳动者通过提供服务，使一部分劳动者支付劳务费用形成他们的收入。

(4) 价格变动。价格变动会改变国民收入在国民经济不同部门和不同劳动者之间进行再分配。通过价格变化使一些部门和一部分劳动者的收入转移到另一些部门和劳动者手中。

8. 社会总供给是指一个国家在一定时期内向社会提供的最终产品和劳务总量。社会总供给由国内供给与国外供给两部分组成，国内供给部分以国内生产总值计算，国外供给部分以海关统计的进口总值计算。

9. 社会总需求是指一个国家在一定时期内对产品和劳务的需求总量。社会总需求由消费需求、投资需求、国外需求三部分组成。

10. 社会总供给与总需求的平衡是宏观经济运行保持稳定状态的基本条件，总供给与总需求的平衡是指供求双方基本相等的状态，不是绝对相等。

11. 国民收入经过初次分配和再分配以后，按最终用途划分，形成积累和消费两大方面。社会主义积累和消费是宏观经济的基本比例关系，正确处理好积累和消费的关系是经济协调运行的基本条件，也是国家宏观调

小笔记

控的重要内容。

12. 简述如何处理好积累与消费的关系。（简答）

处理二者关系时要遵循以下原则：

第一，必须在生产发展和国民收入增长的基础上，使积累和消费都有所增长，做到二者兼顾。

第二，积累和消费的比例，要与生产资料和消费资料的比例相适应，避免结构上出现过大的缺口。

第三，正确安排个人消费和社会消费的比例，从发展的观点看，社会消费部分的扩大是基本趋势。

第四，在一定时期内，确定合理的积累率。从发展规律看，总体上应该逐步提高消费在整个国民收入中的比重。

本章易考点

1. 国民收入：$v+m$

2. 再分配的主要途径有四条：国家预算；银行信贷；劳务费用；价格变动。

3. 社会总需求由消费需求、投资需求、国外需求三部分组成。

考点038　政府对经济的宏观调控

【★★二级考点，单选、多选、简答、论述】

1. 试述宏观调控的客观性（依据）和主要任务。（简答、论述）

社会主义经济具有市场经济运行的基本特征，社会主义国家具有的职能决定了国家对经济必须进行宏观调控。总体上进行宏观调控，促进经济健康发展。社会主义经济宏观调控的依据主要有：

第一，宏观调控是社会化大生产发展的客观要求。

第二，宏观调控是弥补市场调节缺陷的需要。

第三，宏观调控是充分发挥国家经济职能的需要。

2. 国家对经济宏观调控的主要任务是保持经济总量平衡、促进经济增长、增加就业、稳定物价、加快实现经济结构优化、提高人民生活水平和生活质量。宏观调控目标是宏观调控任务的具体化。主要目标有：

第一，促进经济增长。既要体现经济总量的增加，也要体现人均收入增长和生活质量的改善。

第二，增加就业。增加就业既是经济健康发展的标志，也是社会公平

小笔记

和稳定的体现。失业会增加社会福利支出，加重财政负担，失业率过高会引起社会不安定。

第三，稳定物价。要特别注意通过货币政策调节货币供应量，采用综合、协调的宏观经济政策保持物价和币值的稳定。

第四，保持国际收支平衡。国际收支是在一定时期内一个国家或地区与其他国家或地区之间进行的全部经济交易的系统记录。出现顺差、逆差都要引起重视，采取有效的汇率政策和资本流动管理手段，保持国际收支的平衡。

3. 收入政策也称为**收入分配政策**，是指国家根据经济运行状况，对个人收入总量和结构变动的方向，以及调节收入分配结构的政策。主要包括**国民收入分配总量政策、国民收入分配结构政策、个人收入分配政策**。

4. 收入分配政策可以分为扩张性收入分配政策和紧缩性收入分配政策。**扩张性收入分配政策**是指货币形态的国民收入分配总量大于实物形态的国民收入量。目的是扩大社会总需求，刺激经济增长。紧缩性政策目的相反。

5. **试述宏观经济调控的手段。(简答、论述)**

宏观经济调控目标的实现，以及调控政策的实施，离不开宏观调控手段的运用。在市场经济条件下，政府对宏观经济的调控主要是运用经济手段，同时也运用法律手段、行政手段等。具体说来：

(1) 经济手段包括税收、价格、信贷、汇率、补贴等。

(2) 价格手段是利用价值规律的内在机制，通过价格变动影响人们的经济利益，从而影响人们的经济活动。

(3) 利率手段主要是通过利率变动来影响信贷规模，进而影响社会经济活动。

(4) 汇率手段主要是通过汇率变动来影响进出口贸易和国际收支的情况，由此影响宏观经济状况。

(5) 补贴手段主要是通过政府对不同的经济主体和不同的产业、部门和不同的经济活动给予经济上的补贴，使它们能够得到更好的发展条件，实现对宏观经济活动的调控。

(6) 法律手段是依靠国家法律的力量，通过立法和司法程序，以法律法规为手段来规范经济活动，是社会主义市场经济运行的基本保证。

(7) 行政手段是政府依靠行政力量实施的带有强制性的命令，要求各经济主体必须执行。随着法制建设的不断完善，行政手段将退出对经济活动的干预。

小笔记

本章易考点

1. 收入分配政策主要包括国民收入分配总量政策、国民收入分配结构政策、个人收入分配政策。

2. 宏观经济调控的手段：主要是运用经济手段，同时也运用法律手段、行政手段等。

考点 039 社会主义经济发展的保障体系

【★★二级考点，单选、多选、简答】

1. 社会保障体系是指社会为保障社会成员的基本生活和福利而提供物质帮助的各项措施的总称。

2. 从世界范围来看，第二次世界大战以来，社会保障体系不断得到健全和完善，我国的社会保障制度的建立相对较晚，但同样反映了社会保障制度发展具有的一般特征：

第一，社会保障体系纳入法制化轨道。

第二，实现权利与义务的统一，先尽义务，后享受权利。

第三，国家、单位、个人三方共同筹集保障资金。

3. 简述我国社会保障制度建设应遵循哪些基本原则。（简答）

从中国的实际出发，我国社会保障制度的建设应遵循的基本原则有如下几点：

第一，以现代市场经济发展要求为基本出发点。

第二，以社会生产力发展水平为依据。

第三，以法制化管理为目标。

第四，以社会保险为主，商业保险为辅。

4. 建立完善的社会保障体系的目标，是建立一个能够覆盖全社会，基本解决社会成员基本生活需要，以及提供基本福利和分散意外灾害风险的保障体系。其基本内容包括社会保险、社会福利、社会救助和社会优抚等几大方面。

第一，社会保险。社会保险是社会保障体系中覆盖面最广、社会意义最大、涉及内容最多，也是最主要的保障形式。社会保险具有三大基本特征，即依法实施、政府主办、不以营利为目的。社会保险一般由如下三大法定保险构成：一是养老保险。二是医疗保险。三是失业保险。

第二，社会福利。社会福利是国家或社会为改善和提高社会成员的生活而实施的各种措施、政策和制度，包括国家和社会举办的文化、教育、卫生事业，城市和农村、社区或企事业单位的各类公益事业，以及国家和社会为身心有缺陷而丧失劳动能力和生活上有困难的人员提供的各种物质帮助和特殊服务。

第三，社会救助。社会救助是国家和社会依照法定程序和标准，向因各种原因而陷入生存危机的社会成员提供最低生活保障，并帮助他们缓解、克服贫困，维护社会秩序的稳定。

第四，社会优抚。社会优抚是指国家和社会按照法律规定对特定的优抚对象，如现役军人及其家属、退伍军人、功臣及烈属等，为保证其一定的生活水平而提供的资助和服务。

小笔记

本章易考点

1. 建立完善的社会保障体系的目标，其基本内容包括社会保险、社会福利、社会救助和社会优抚等方面。

2. 社会保险的三大法定保险：养老保险、医疗保险、失业保险。

PART 4 难点回顾

- 决定和影响国民收入增长的主要因素。
- 国民收入的初次分配和再分配。
- 社会主义经济宏观调控的客观要求。
- 社会主义经济宏观调控的主要目标和政策措施。
- 社会主义经济宏观调控的手段。
- 我国建立的社会保障体系的主要特征。
- 符合我国国情的社会保障体系的基本内容。

过考百科

测算社会总需求有两种方法

一是从需求形成角度测算，就是在生产指标基础上，按影响总需求的因素作出调整，以得到社会总购买力的方法。其计算公式为：

社会总需求＝本期国内生产总值－本期储蓄＋本期银行信贷收入＋本期财政赤字＋本期出口

二是从需求使用角度测算，就是把社会总购买力可能使用去向的各个项目加总在一起的方法。其计算公式为：

社会总需求＝本期投资需求总量＋本期消费需求总量＋本期国外需求总量

上述需求总量和供给总量比较，反映着以货币支付力所代表的需求与实物（包括劳务）供应之间的平衡状况。

PART 5 真题演练

一、单选题

1.【2014年7月】对特定对象进行褒扬和鼓励的社会保障形式是（　　）

A. 社会保险　　B. 社会福利　　C. 社会救助　　D. 社会优抚

2. △【2014年10月】向社会困难群体提供最低生活保障的是（　　）

A. 社会保险　　B. 社会福利　　C. 社会救助　　D. 经济同盟

3. △【2013年10月】社会主义国家对宏观经济的调控主要运用（　　）

A. 经济手段　　B. 行政手段　　C. 政治手段　　D. 道德手段

4.【2014年7月】经济增长的内涵反映的是（　　）

A. 经济总量的增加　　B. 经济结构的优化

C. 经济效益的改善　　D. 经济质量的提高

5.【2014年7月】通过压缩社会总需求规模来抑制经济增长的政策属于（　　）

A. 扩张性收入分配政策　　B. 紧缩性收入分配政策

C. 扩张性货币政策　　D. 赤字财政政策

6. △【2016年4月】通过调节居民收入最终影响宏观经济运行的政策属于（　　）

A. 投资政策　　B. 货币政策　　C. 收入政策　　D. 产业政策

7.【2013年10月】保持宏观经济稳定运行的基本条件是（　　）

A. 社会总供给与社会总需求的平衡

B. 社会总供给要大于社会总需求

C. 社会总供给要小于社会总需求

D. 社会总供给与社会总需求均保持不变

8. △【2015年10月】在商品价值构成中，新创造的价值表示为（　　）

A. m　　B. $c+v$　　C. $c+m$　　D. $v+m$

本章易错题

2、3、6、8，需要牢牢掌握知识点，认真审题，避免作答失误。

△表示为高频考点。

二、主观题

1. 简述我国社会保障制度建设的基本原则。

2. 简述建立社会保障体系的作用。

PART 6 答案解析

一、单选

1. 答案：D

解析：社会优抚是指国家和社会按照法律规定对特定的优抚对象，如现役军人及其家属、退伍军人、功臣及烈属等，为保证其一定的生活水平而提供的资助和服务。这是一种具有褒扬、鼓励、优待和抚恤性质的特殊保障制度。

2. 答案：C

解析：社会救助是国家和社会依照法定程序和标准，向因各种原因而陷入生存危机的社会成员提供最低生活保障，并帮助他们缓解、克服贫困，维护社会秩序的稳定。

3. 答案：A

解析：经济手段。是指通过税收、价格、利率、汇率等经济杠杆，来调节经济主体的利益，从而影响其经济活动。经济手段成为宏观调控的主要手段。

4. 答案：A

解析：经济增长是经济全面发展的重要指标，是一个宽泛、综合的概念。它既体现经济总量的增加，也体现人均收入增长和生活质量的改善。同时，总量上的增长是建立在比例协调、结构优化和效率提高基础上的。

5. 答案：B

解析：紧缩性收入分配政策是指货币形态的国民收入分配总量小于实物形态的国民收入量，其主要功能是通过压缩社会总需求规模来抑制经济增长。

6. 答案：C

解析：收入政策也称收入分配政策，是指国家根据经济运行的状况，对个人收入总量和结构进行调节的政策。

7. 答案：A

解析：社会主义宏观经济运行以物质资料生产为基础。社会总供给与总需求的平衡、积累和消费的关系是宏观经济运行保持稳定状态的基本条件。

8. 答案：D

解析：国民收入是物质生产部门劳动者当年活劳动创造的新价值。用字母表示，即$v+m$。

二、主观题

1. 简述我国社会保障制度建设的基本原则。

答：

（1）以现代市场经济发展要求为基本出发点。

（2）以社会生产力发展水平为依据。

（3）以法制化管理为目标。

（4）以社会保险为主，商业保险为辅。

2. 简述建立社会保障体系的作用。

答：

（1）经济社会发展的“安全网”。

（2）推动各项社会事业的发展。

（3）改善民生，提高人民群众生活水平。

恭喜你完成了第九章的学习，全书章节已完成10/13。如果可恨的挫折使你尝到苦果，朋友，奋起必将让你尝到人生的欢乐。在此，记录下你的学习心得吧。

第四篇

经济全球化与国际经济关系

第十章　经济全球化与世界经济发展

备考指南

本章需要理解经济全球化的产生、主要内容及发展趋势，深刻把握经济全球化的本质，了解国际贸易和国际金融的基本理论、政策及主要的国际经济组织，认识经济全球化给国家经济安全带来的影响，把握应对措施。

本章重要程度为★★，多以单选题、多选题、简答题形式出现，复习时，知识点中画线部分需反复记忆，可充分利用书中“小笔记”部分进行书写，确保熟记于心，自如运用到考试中。

学习目标

通过本章学习，您将掌握以下知识点：

1. 经济全球化产生与发展的基础。
2. 经济全球化的本质及其发展趋势。
3. 世界贸易组织的宗旨、职能、组织机构、基本原则。
4. 国际金融的主要内容。

PART 1 本章知识宝图

本章共三小节，分别用星标做重要程度标注，★★★为高频考点；★★为中频考点；★为一般考点，可循序渐进复习。

- 经济全球化与世界经济发展
  - ❶ 经济全球化的内容与本质★★★
    - 1.经济全球化的产生
    - 2.经济全球化的主要内容
    - 3.经济全球化的发展趋势
    - 4.经济全球化的本质
  - ❷ 国际贸易和国际金融★★
    - 1.国际贸易理论与政策
    - 2.世界贸易组织
    - 3.国际金融理论与政策
    - 4.国际货币体系
  - ❸ 经济全球化条件下的国家经济安全★★
    - 1.经济全球化对国家经济安全的影响
    - 2.维护国家经济安全的对策

PART 2 名师伴读

国际贸易理论包含重商主义、绝对优势、比较优势、要素禀赋理论，更多内容扫码观看吧！

登录 www. rdlearning. cn 查看完整内容。

PART 3 高频考点

小笔记

考点 040　经济全球化的内容与本质

【★★二级考点，单选、多选、简答】

1. 经济全球化的主要内容包括生产全球化、贸易全球化和资本全球化。经济全球化是由发达资本主义国家发动并主导的经济运动，是当代世界经济发展的趋势，其本质是资本主义经济关系在世界范围内的扩展和深化。

2. 国际分工的不断深化，生产国际化和资本国际化的不断发展，是经济全球化的产生与发展的基础。

3. 资本国际化是生产国际化的必然结果。商业资本国际化主要形式

小笔记

是国际贸易，借贷资本国际化主要形式是国际间接融资，产业资本国际化主要形式是对外直接投资。

4. 简述经济全球化的主要内容。(简答)

经济全球化是指在科学技术、生产力和国际分工不断发展、生产社会化和国际化程度不断提高的情况下，世界各国、各地区的生产、贸易、金融等经济活动越来越超出一个国家或地区的范围而相互联系、相互依赖的一体化过程。经济全球化的主要内容包括生产全球化、贸易全球化和资本全球化。

(1) 生产全球化是指随着科学技术的发展和高精尖产品及工艺技术的出现，生产领域的国际分工和协作得到进一步增强，形成了全球性的生产体系，各国的生产活动成为全球生产体系的有机组成部分。生产全球化是生产国际化在深度和广度上的进一步拓展，生产国际化是以国际垂直分工为基础的。

(2) 贸易全球化是指随着科学技术的发展、劳动生产率的提高和各国对外开放程度的扩大，国际贸易在范围、规模、程度等方面迅速增长，形成了全球性的贸易体系。技术的转移和扩散是推动贸易全球化的重要基础。

(3) 资本全球化是指随着科学技术的发展和各国对外开放程度的提高，资本在国际的流动速度加快、数量剧增，形成了全球性的金融市场。

5. 进入21世纪以来，经济全球化呈现一些新的发展趋势，主要表现为：

第一，跨国公司不断推动经济全球化向纵深发展。

第二，区域经济集团化成为经济全球化的重要表现形式。通过签署条约或协议，形成区域性的国际经济或贸易集团。根据联合程度的不同，区域经济集团可以分为五种组织形式：自由贸易区、关税同盟、共同市场、经济同盟、完全一体化。

第三，国际经济协调推动经济全球化的作用不断增强。经济全球化加强了各国经济联系，同时也使竞争更为激烈，客观上要求加强国际经济领域的协调。各种国际经济协调主要是通过国际经济组织、区域经济集团和政府首脑会晤等形式开展的。其中，国际货币基金组织、世界银行、世界贸易组织被认为是协调国际经济关系的三大支柱。政府首脑会晤主要有“八国首脑会议”“二十国集团金融峰会”等。通过协调缓解了一些矛盾，推动了经济全球化。

6. 经济全球化是发达资本主义国家发动并主导的经济运动，其本质是资本主义经济关系在世界范围的扩展和深化。世界资本主义体系的形成与发展表明了经济全球化的本质。

小笔记

本章易考点

1. 经济全球化的主要内容：生产全球化、贸易全球化和资本全球化。

2. 产业资本国际化主要形式是对外直接投资。

考点 041 国际贸易和国际金融

【★★★一级考点，单选、多选、辨析、简答、论述】

1. 国际贸易理论主要研究国际贸易产生、发展的运动规律，其核心问题是回答国际贸易中为什么能够获利，获利的源泉何在。国际贸易理论随着国际贸易的实践不断发展，主要理论有：重商主义、绝对优势理论、比较优势理论、要素禀赋理论。

2. 比较优势理论是英国古典经济学家李嘉图在斯密提出的绝对优势理论基础上提出的。现代贸易理论都是建立在该理论基础上的。

3. 要素禀赋理论是 20 世纪 30 年代瑞典经济学家提出的，又被称为赫克歇尔—俄林理论。

4. 对外贸易政策是各国在一定时期对该国进出口贸易进行管理的原则、方针和措施手段的总称。对外贸易政策有两种基本类型：贸易保护政策和贸易自由政策。对外贸易政策是通过贸易措施的运用实现的。主要措施有关税措施和非关税措施。关税是当进出口商品经过一国海关时，由该国政府设置的海关对进出口商品所征收的税。按征收商品的流向，关税分为进口税、出口税。按征收方法，关税分为从量税、从价税、混合税、选择税。非关税措施是指除关税之外，政府用来限制贸易的其他所有措施和手段。非关税措施主要有：进口配额制、“自愿”出口限制、行政手段限制进口等。

5. 世界贸易组织前身是 1947 年订立的关税及贸易总协定，1995 年 1 月 1 日被取代。世贸组织的目标是建立一个完整的、更具有活力的和永久性的多边贸易体制。世贸组织的组织机构主要由部长会议、总理事会、分理事会、次一级理事会组成。

世贸组织继承了关税及贸易总协定的基本原则。第一，非歧视性原则。第二，透明度原则。第三，对发展中国家实行单方面优惠原则。第四，允许例外和实施保障措施。

6. 国际收支平衡表是一个国家或地区，按不同项目编制的一定时期（通常 1 年）内，各种国际经济交易收支情况的记录和统计表。国际收支平衡表主要内容包括三大账户，即经常账户、资本与金融账户、错误和遗漏账户，其中经常账户是最基础、最重要的账户。经常账户是指对实际资源在国际间流动的行为进行记录的账户，它包括货物、服务、收入和经常转移等项目。

7. 国际收支的支付手段是外汇。外汇是指以外币表示的、可以用于国际结算和清偿债权债务的各种支付手段和资产。包括四种基本形式：外国货币、以外币表示的有价证券、以外币表示的支付凭证、以外币表示的其他债权。外汇买卖的价格即汇率，又称汇价、外汇牌价或外汇行市。

8. 现代国际货币体系的发展大体经历了国际金本位制、布雷顿森林体系、牙买加货币体系三个阶段。

9. 国际金融机构又称国际金融组织，是从事国际货币关系的协调、管理或国际金融业务的经营，促进世界经济发展的组织。国际金融机构是国际货币体系的组成部分。国际金融机构分为三种类型：

（1）全球性国际金融组织，如国际货币基金组织、世界银行集团（最有影响力的国际金融组织）。

（2）洲际性国际金融组织，如亚洲开发银行、泛美开发银行。

（3）区域性国际金融组织，如欧洲投资银行、阿拉伯货币基金组织。

本章易考点

1. 国际贸易理论主要有：重商主义、绝对优势理论、比较优势理论、要素禀赋理论。

2. 国际收支的支付手段是外汇。

3. 外汇是的四种基本形式：外国货币、以外币表示的有价证券、以外币表示的支付凭证、以外币表示的其他债权。

考点 042 经济全球化条件下的国家经济安全

【★三级考点，简答、论述】

1. 试述经济全球化对国家经济安全的影响。（论述）

国家经济安全是指一个国家的经济发展、经济能力和经济利益不受威胁和侵害的状态。经济全球化的深入发展在推动各国经济发展的同时，也从外部给各国的经济安全带来了威胁和侵害，主要表现在以下几个方面：

第一，经济全球化对国家产业安全的影响。国家产业安全表现为一国政府能够掌控本国支柱产业，并按照有利于本国经济发展的战略要求，来

小笔记

规划和发展本国产业，使之不受外来因素干扰和破坏的状态。

第二，经济全球化对国家贸易安全的影响。国家贸易安全表现为在国际贸易中，本国出口产品不受到歧视，在世界市场占有份额不断增加，比较优势能充分体现，对外贸易体系运转正常，贸易利益不受侵犯和威胁的状态。

第三，经济全球化对国家金融安全的影响。国家金融安全表现为一国金融利益不受侵犯，金融体系的正常运转不受破坏和威胁的状态。国家金融安全是一国经济发展的基础。

第四，经济全球化对国家经济运行安全的影响。国家经济运行安全表现为一国能够有效地保障本国的经济体制、机制正常运行，不受干扰和威胁的状态。国家经济运行安全是一国经济发展的内在保障。

2. 简述维护国家经济安全的对策。（简答）

随着经济全球化的不断深入发展，国家经济安全问题也越来越受到重视，维护国家经济安全要做好以下几个方面：

第一，增强经济实力是维护国家经济安全的根本保证。

第二，加强国际合作是维护国家经济安全的必由之路。

第三，建立预警机制是维护国家经济安全的重要方面。

本章易考点

经济全球化对国家经济安全的影响：第一，经济全球化对国家产业安全的影响。第二，经济全球化对国家贸易安全的影响。第三，经济全球化对国家金融安全的影响。第四，经济全球化对国家经济运行安全的影响。

PART 4 难点回顾

- 经济全球化产生与发展的基础。
- 经济全球化的主要内容。
- 经济全球化的本质。
- 国际贸易理论的核心问题及主要内容。
- 国际金融的主要内容。
- 经济全球化对国家经济安全的影响。
- 维护国家经济安全的对策。

过考百科

国际汇兑

国际汇兑是指因办理国际支付而产生的外汇汇率、外汇市场、外汇管制等安排和活动的总和。

外汇一般指充当国际支付手段、国际流通手段和购买手段的外国货币以及外币支付凭证。金银成为货币后，作为国际支付的主要手段是贵金属。票据出现后，作为信用工具也可用来办理国际支付。汇率是以一国货币表示的另一国货币的价格。实行金本位制时，各国货币汇率波动不大，处于相对稳定状态。1929—1933 年经济危机后，金本位制彻底崩溃，从此开始了不能兑换黄金的纸币制度。由于通货膨胀长期存在，纸币不断贬值，各国汇率不稳定的状态日趋严重。第二次世界大战后，主要资本主义国家建立了以美元为中心的布雷顿森林体系，美元与黄金挂钩，各国货币与美元挂钩，据以订出各国货币的固定汇率。固定汇率制对战后世界经济的发展起到了一定的积极作用。

1973 年，以美元为中心的固定汇率制完全解体，各国纷纷实行浮动汇率制。此后，由于不再有固定汇率制的限制，汇率波动频繁，波幅较大，对各国的对外贸易影响极大。为此，世界各国均对本国汇率的动态实行某种程度的控制或干预。

PART 5 真题演练

一、单选题

1. △【2018 年 10 月】借贷资本国际化的主要形式是（　　）

A. 对外无偿援助　　B. 国际贸易

C. 对外直接投资　　D. 国际间接融资

2. 生产国际化和资本国际化的基础是（　　）

A. 国际贸易的发展　　B. 国际分工的发展

C. 国际市场的形成　　D. 资本输出的发展

3. 国际收支的支付手段是（　　）

A. 外汇　　B. 黄金或白银　　C. 商品　　D. 劳务

4. △【2017 年 4 月】现代国际贸易理论建立的基础是（　　）

A. 绝对优势理论　　B. 比较优势理论

C. 产业内贸易理论　　D. 产品生命周期理论

5. △【2017 年 10 月】商业资本国际化的主要形式是（　　）

A. 国际贸易　　B. 直接投资　　C. 间接融资　　D. 对外援助

6. △【2015 年 4 月】由赫克歇尔和俄林提出的国际贸易理论是（　　）

A. 绝对优势理论　　B. 比较优势理论

C. 保护贸易理论　　D. 要素禀赋理论

7. △【2015 年 4 月】当前负责管理世界经济和贸易秩序的组织主要是（　　）

A. 联合国　　B. 世界银行

C. 世界贸易组织　　D. 国际货币基金组织

8. 【2014 年 7 月】经济全球化从本质上看是（　　）

A. 资本主义经济关系在世界范围的扩展

B. 资本主义生产关系的局部调整

C. 生产和贸易的全球化

D. 资本和贸易的全球化

本章易错题

1、4、5、6、7，需要牢牢掌握知识点，认真审题，避免作答失误。

△表示为高频考点。

二、主观题

1. 简述经济全球化的主要内容。

2. 简述维护国家经济安全的对策。

PART 6 答案解析

一、单选

1. 答案：D

解析：借贷资本国际化的主要形式是国际间接融资。

2. 答案：B

解析：国际分工的不断深化，生产国际化和资本国际化的不断发展，是经济全球化的产生与发展的基础。

3. 答案：A

解析：国际收支的支付手段是外汇。外汇是指以外币表示的可以用于国际结算和清偿债权债务的各种支付手段和资产。

4. 答案：B

解析：现代国际贸易理论都是建立在比较优势理论的基础上的。

5. 答案：A

解析：商业资本国际化主要形式是国际贸易，借贷资本国际化主要形式是国际间接融资，产业资本国际化主要形式是对外直接投资。

6. 答案：D

解析：要素禀赋理论是20世纪30年代瑞典经济学家提出的，又被称为赫克歇尔—俄林理论。

7. 答案：C

解析：当前负责管理世界经济和贸易秩序的组织主要是世界贸易组织。

8. 答案：A

解析：经济全球化是在国际分工不断深化、生产国际化和资本国际化程度不断提高的基础上产生的。经济全球化的主要内容包括生产全球化、贸易全球化和资本全球化。经济全球化是由发达资本主义国家发动并主导的经济运动，是当代世界经济发展的趋势，其本质是资本主义经济关系在世界范围的扩展和深化。

二、主观题

1. 简述经济全球化的主要内容。

答：

(1) 生产全球化。是指随着科学技术的发展和高精尖产品及工艺技术的出现，生产领域的国际分工和协作得到进一步的增强，形成了全球性的生产体系。

(2) 贸易全球化。是指随着科学技术的发展，劳动生产率的提高和各国对外开放程度的扩大，国际贸易在范围、规模、程度等方面迅速增长，形成了全球性的贸易体系。

(3) 资本全球化。是指随着科学技术的发展和各国对外开放程度的提高，资本在国际间的流动速度加快、数量剧增，形成了全球性的金融市场。

2. 简述维护国家经济安全的对策。

答：

(1) 增强经济实力是维护国家经济安全的根本保证。

(2) 加强国际合作是维护国家经济安全的必由之路。

(3) 建立预警机制是维护国家经济安全的重要方面。

恭喜你完成了第十章的学习，全书章节已完成11/13。如果把才华比作剑，那么勤奋就是磨刀石。在此，记录下你的学习心得吧。

第十一章　经济全球化与资本主义经济关系

备考指南

本章需要了解发达资本主义国家是经济全球化的主要受益者，理解经济全球化既加强了发达国家之间的经济联系，同时又加深了它们之间的经济矛盾。了解发达国家进行国际经济协调的主要形式，把握经济全球化给发展中国家带来的双重影响。深刻认识发达资本主义国家与发展中国家经济关系的实质。掌握国际经济秩序的形成与发展的实质。

本章重要程度为★★，多以单选题、多选题、辨析题形式出现，复习时，需要牢记重要人物、时间及相关事件，知识点中画线部分需反复记忆，可充分利用书中“小笔记”部分进行书写，确保熟记于心，自如运用到考试中。

学习目标

通过本章的学习，您将掌握以下知识点：

1. 经济全球化有利于发达资本主义国家经济发展的主要表现。

2. 资本主义国际经济协调的主要形式。

3. 经济全球化给发展中国家经济发展提供的机遇和带来的挑战。

4. 国际经济新秩序的主要内容和基本特征。

PART 1 本章知识宝图

本章共三小节，分别用星标做重要程度标注，★★★为高频考点；★★为中频考点；★为一般考点，可循序渐进复习。

- 经济全球化与资本主义经济关系
  - ① 经济全球化条件下发达资本主义的国际经济关系★
    - 1.经济全球化对发达资本主义国家的影响
    - 2.发达资本主义国家之间的经济关系
    - 3.资本主义国际经济协调
  - ② 发达资本主义国家与发展中国家的经济关系★
    - 1.发展中国家的经济状况
    - 2.经济全球化对发展中国家的影响
    - 3.发达资本主义国家与发展中国家经济关系的实质
  - ③ 建立国际经济秩序★★★
    - 1.国际经济旧秩序的形成
    - 2.建立公正合理的国际经济新秩序

PART 2 名师伴读

政治兼并是垄断资本主义国家占领殖民地的基本特点，本章还有哪些知识点？扫码观看吧！

登录 www. rdlearning. cn 查看完整内容。

PART 3 高频考点

考点 043 经济全球化条件下发达资本主义的国际经济关系

【★★二级考点，单选、简答】

小笔记

1. 发达资本主义国家利用其在世界经济体系中的主导地位，在不对等的国际经济关系中，极大地享有了经济全球化带来的经济利益，是经济全球化的主要受益者。

2. 试述发达国家是经济全球化的主要受益者。(简答、论述)

经济全球化有利于发达资本主义国家经济发展的主要表现是：

第一，经济全球化有利于发达资本主义国家优势的更好发挥。由于发展历史等方面的原因，发达资本主义国家与发展中国家相比，在资金、技术和管理等生产要素方面具有较大的优势，经济全球化能够使发达资本主义国家充分发挥自身生产要素的优势，促进发达国家经济迅速增长。

小笔记

第二，经济全球化有利于发达资本主义国家掌控世界经济的运行。由于发达资本主义国家在资本主义世界体系中占据主导位置，经济全球化过程中的多数规则是由发达资本主义国家主导制定的，这些规则的制定和实施必然会使发达资本主义国家控制世界经济的运行秩序并从中获益。

第三，经济全球化有利于发达资本主义国家转移国内经济矛盾。虽然发达资本主义国家不断通过调整生产关系来缓和资本主义基本矛盾，但不可能从根本上消除资本主义社会的基本矛盾，在经济全球化条件下资本积累规律仍在发挥作用，资本主义经济危机或金融危机还会不断发生，但经济全球化使发达资本主义国家能够更加便利地向其他国家转移危机，缓解国内矛盾。

3. **简述发达国家经济协调的方式。(简答)**

资本主义国际经济协调的形式主要有三种：国际经济组织的协调、政府首脑会晤的协调和区域性经济联盟的协调。

第一，国际经济组织的协调。目前在世界上管理和协调全球经济活动的经济组织中，影响较大的主要有：国际货币基金组织、世界银行、世界贸易组织，它们被认为是以国际经济组织协调国际经济关系的三大支柱。

第二，政府首脑会晤的协调。政府首脑会晤是在各发达国家经济关系矛盾重重、危机四伏情况下渡过难关的应急措施，是在政府最高领导人一级水平上对重大经济问题进行磋商、协调彼此之间经济关系和经济政策，对国际经济问题进行联合调节的一种经常形式。

第三，区域性经济联盟的协调。区域性经济联盟和国际经济组织一样，都是在世界经济竞争与合作中产生的，在一些地区某些国家由于有相近或互补的经济结构和发展水平，为了提高本地区以及各国的经济实力，通过签订协议组成经济集团，以协调本地区经济发展，提高国际竞争力。

本章易考点

资本主义国际经济协调的形式：国际经济组织的协调、政府首脑会晤的协调和区域性经济联盟的协调。

考点 044　发达资本主义国家与发展中国家的经济关系

【★★二级考点，多选、简答】

1. 在发展中国家经济建设取得突出成就的同时，也存在着很多制约自身经济发展的问题。发展中国家数量众多，国情差别很大，各国经济发展中存在的问题不尽相同，但它们也面临着一些共同的问题，主要有：第一，发展中国家的生产力水平总体较低。第二，发展中国家的经济发展依附于发达国家。第三，发展中国家的经济发展不平衡。

2. 经济全球化对发展中国家的影响是双重的，既有机遇也有挑战。经济全球化给发展中国家经济发展提供的机遇主要表现在：

第一，经济全球化促进了发展中国家的产业结构升级。

第二，经济全球化拓展了发展中国家的发展空间。

第三，经济全球化加快了发展中国家的技术进步。

第四，经济全球化增加了发展中国家改革发展的动力。

3. 简述经济全球化对发展中国家的挑战表现。（简答）

经济全球化给发展中国家带来发展机遇的同时，也给其带来了巨大的挑战，主要表现在：

第一，经济全球化增加了发展中国家出现经济波动的可能性。

第二，经济全球化扩大了发展中国家与发达国家的差距。

第三，经济全球化削弱了发展中国家管理经济的职能。

第四，经济全球化影响了发展中国家的可持续发展能力。

4. 简述发达国家与发展中国家的经济关系。（简答）

发达国家与发展中国家之间经济关系的实质是控制与反控制、剥削与反剥削的关系，主要表现在生产、技术、贸易、投资等领域。

第一，发达国家在生产领域对发展中国家的控制与剥削。

第二，发达国家在技术领域对发展中国家的控制与剥削。

第三，发达国家在贸易领域对发展中国家的控制与剥削。

第四，发达国家在投资领域对发展中国家的控制与剥削。

考点 045　建立国际经济秩序

【★★★一级考点，单选、多选、简答、论述】

1. 国际经济秩序是指在世界范围内建立起来的国际经济关系，以及各种国际经济体系和制度的总和。旧殖民主义是资本主义进入垄断阶段后，垄断资本主义国家通过直接占领殖民地国家，来实现其对殖民地国家的控制和剥削的，其基本特点是“政治兼并”。到 20 世纪初，垄断资本主义国家对世界领土基本瓜分完毕，形成了旧殖民主义的统治体系。

2. 在经济全球化进程中，发展中国家在建立国际经济新秩序上进一步明确了斗争目标：

（1）维护本国的主权和保护本国的自然资源。

（2）改善贸易条件，稳定或提高初级产品的生产。

小笔记

（3）实施必要的国际金融调控，减少发展中国家的债务负担。

（4）通过国际立法，规范发达资本主义国家特别是跨国公司对发展中国家的贸易掠夺。

3. 简述发展中国家提出建立国际新秩序的内容。（简答）

发展中国家提出的建立国际经济新秩序的内容是相当广泛的，其主要内容包括：

（1）变革现有的国际生产体系、国际贸易体系和国际金融体系，让发展中国家以平等的地位参加国际分工。

（2）确保发展中国家能够有效地控制本国的资源，并享有限制和监督跨国公司行为的权利，取消发达资本主义国家对发展中国家不利的限制性商业活动。

（3）要使发展中国家能够充分地、平等地参与国际经济事务的决策；改组现有的国际机构，如国际货币基金组织等；要求加强联合国在国际经济合作方面的作用，从而改变发展中国家在处理国际经济事务方面无权的状况。

4. 简述发展中国家如何建立国际经济新秩序。（简答）

发展中国家建立公正、合理的国际经济新秩序，要经过长期而艰苦的努力，要充分认识到这一过程的长期性和复杂性。

第一，发展中国家建立国际经济新秩序，最根本的是要靠自身的经济发展。

第二，发展中国家建立国际经济新秩序过程中，要充分利用现有国际经济旧秩序中的有用资源。

第三，发展中国家建立国际经济新秩序过程中，要加强多种形式的区域经济合作。

本章易考点

1. 发达国家与发展中国家之间经济关系的实质是控制与反控制、剥削与反剥削。

2. 经济全球化对发展中国家的影响是双重的，既有机遇也有挑战。

3. 发展中国家提出建立国际新秩序的内容。

4. 发展中国家如何建立国际新秩序。

PART 4 难点回顾

- 发达资本主义国家之间经济关系的特点及其主要表现。
- 经济全球化给发展中国家经济发展提供的机遇和带来的挑战。
- 发达资本主义国家与发展中国家之间经济关系的实质。
- 国际经济新秩序的主要内容和基本特征。
- 建立国际经济新秩序的长期性和复杂性。

过考百科

七十七国集团

七十七国集团是一个由发展中国家政府组成的国际组织。1964 年 3 月，在日内瓦召开的第一届“联合国贸易和发展会议”期间，发达国家与发展中国家产生了尖锐分歧。亚非拉 76 个国家和南斯拉夫经过连日磋商，发表了《七十七个发展中国家联合宣言》，提出了关于国际经济关系、贸易与发展的一整套主张，七十七国集团由此成立。随后其成员不断增加，至 2012 年 1 月，七十七国集团有成员 132 个。中国不是七十七国集团成员，但在经济领域基本上以“七十七国集团加中国”的模式表达共同立场。

PART 5 真题演练

一、单选题

1. △【2017 年 10 月】经济全球化进程中处于主导地位的是（　　）

A. 发展中国家　　B. 发达资本主义国家

C. 区域经济集团　　D. 国际经济协调组织

2. △【2014 年 7 月】旧殖民主义的基本特点是（　　）

A. 政治兼并　　B. 经济兼并　　C. 文化兼并　　D. 军事兼并

3. 一体化程度最高的区域经济联盟是（　　）

A. 欧洲联盟　　B. 北美自由贸易区

C. 亚太经合组织　　D. 东盟自由贸易区

4. △【2016 年 10 月】经济全球化的主要受益者是（　　）

A. 新兴市场国家　　B. 发展中国家

C. 转型经济国家　　D. 发达资本主义国家

二、多选题

1.【2015 年 10 月】发展中国家建立国际经济新秩序的目标有（　　）

A. 维护本国主权　　B. 保护本国资源　　C. 改善贸易条件

D. 减少债务负担　　E. 减少对发展中国家的侵害

2.【2013年10月】经济全球化给发展中国家经济发展提供的机遇主要表现在（　　）

A. 促进了发展中国家的产业结构升级

B. 拓展了发展中国家的发现空间

C. 加快了发展中国家的技术进步

D. 增加了发展中国家改革发展的动力

E. 降低了各国对外经济的依存度

本章易错题

单选1、2、4，需要牢牢掌握知识点，认真审题，避免作答失误。

△表示为高频考点。

三、主观题

1. 简述发展中国家提出的建立国际经济新秩序的主要内容。

2. 简述发达国家与发展中国家的经济关系。

PART 6 答案解析

一、单选

1. 答案：B

解析：发达资本主义国家利用其在世界经济体系中的主导地位，在不对等的国际经济关系中，极大地享有了经济全球化带来的经济利益，是经济全球化的主要受益者。

2. 答案：A

解析：旧殖民主义是垄断资本主义国家通过直接占领殖民地国家，来实现其对殖民地国家控制和剥削的，其基本特点是“政治兼并”。

3. 答案：A

解析：欧洲联盟是目前全球经济实力最强、一体化程度最高的国家联合体，自1993年正式成立以来，历经6次扩大，现已有27个成员，总人口超过5亿，国民生产总值高达12万亿美元，在协调欧洲经济发展中发挥着重要作用，而且其协调范围不仅包括商品流通领域，还包括生产要素、货币金融、外贸等领域。

4. 答案：D

解析：发达资本主义国家利用其在世界经济体系中的主导地位，在不对等的国际经济关系中，极大地享有了经济全球化带来的经济利益，是经济全球化的主要受益者。

二、多选题

1. 答案：ABCDE

解析：在经济全球化进程中，发展中国家在建立国际经济新秩序上进一步明确了斗争目标：(1) 维护本国的主权和保护本国的自然资源。(2) 改善贸易条件，稳定或提高初级产品的生产。(3) 实施必要的国际金融调控，减少发展中国家的债务负担。(4) 通过国际立法规范发达资本主义国家特别是跨国公司对发展中国家的侵害。

2. 答案：ABCD

解析：经济全球化对发展中国家的影响是双重的，既有机遇也有挑战。经济全球化给发展中国家经济发展提供的机遇主要表现在：

第一，经济全球化促进了发展中国家的产业结构升级。

第二，经济全球化拓展了发展中国家的发展空间。

第三，经济全球化加快了发展中国家的技术进步。

第四，经济全球化增加了发展中国家改革发展的动力。

三、主观题

1. 简述发展中国家提出的建立国际经济新秩序的主要内容。

答：

(1) 变革现有的国际生产体系、国际贸易体系和国际金融体系，让发展中国家以平等的地位参加国际分工。

(2) 确保发展中国家能够有效地控制本国的资源，并享有限制和监督跨国公司行为的权利，取消发达资本主义国家对发展中国家不利的限制性商业活动。

(3) 要使发展中国家能够充分地、平等地参与国际经济事务的决策；改组现有的国际机构，如国际货币基金组织等；要求加强联合国在国际经济合作方面的作用，从而改变发展中国家在处理国际经济事务方面无权的状况。

2. 简述发达国家与发展中国家的经济关系。

答：

发达国家与发展中国家之间经济关系的实质是控制与反控制、剥削与反剥削的关系，主要表现在生产、技术、贸易、投资等领域。

第一，发达国家在生产领域对发展中国家的控制与剥削。

第二，发达国家在技术领域对发展中国家的控制与剥削。

第三，发达国家在贸易领域对发展中国家的控制与剥削。

第四，发达国家在投资领域对发展中国家的控制与剥削。

恭喜你完成了第十一章的学习，全书章节已完成12/13。在茫茫沙漠，唯有前进的脚步才是希望的象征。在此，记录下你的学习心得吧。

第十二章 经济全球化与中国的对外开放

备考指南

本章需要理解中国在经济全球化条件下实行对外开放的必然性，以及正确处理对外开放与独立自主、自力更生之间关系的重要性。分析中国全方位、多层次、宽领域的对外开放战略格局的形成，了解中国对外开放取得的目成就。了解全面提高对外开放水平、进一步完善区域开放格局的具体措施。

本章重要程度为★★，多以单选题、多选题形式出现，复习时，知识点中画线部分需反复记忆，可充分利用书中“小笔记”部分进行书写，确保熟记于心，自如运用到考试中。

学习目标

通过本章学习，您将掌握以下知识点：

1. 中国实行对外开放的必要性。
2. 经济全球化背景下中国对外开放面临的机遇和挑战。
3. 中国对外开放的基本形式。
4. “走出去”战略的主要内容。

PART 1 本章知识宝图

本章共三小节，分别用星标做重要程度标注，★★★为高频考点；★★为中频考点；★为一般考点，可循序渐进复习。

- 经济全球化与中国的对外开放
  - ① 经济全球化条件下的对外开放★★
    - 1.中国实行对外开放的必要性
    - 2.中国对外开放基本国策的确立与发展
    - 3.经济全球化背景下中国对外开放面临的机遇和挑战
    - 4.对外开放与独立自主、自立更生
  - ② 对外开放的基本形式与战略格局★
    - 1.对外开放的基本形式
    - 2.对外开放的战略格局
    - 3.中国对外开放取得的成就
  - ③ 全面提高对外开放水平★★★
    - 1.实施市场多元化战略
    - 2.提高利用外资的质量和水平
    - 3.实施“走出去”战略
    - 4.进一步完善区域开放格局

PART 2 名师伴读

经济全球化是一把双刃剑，机遇和挑战并存。了解更多知识，扫码观看吧！

登录 www. rdlearning. cn 查看完整内容。

PART 3 高频考点

小笔记

考点 046　经济全球化条件下的对外开放

【★★★二级考点，单选、多选、简答、论述】

1. 实行对外开放，是中国推进现代化建设的一项重大决策，也是中国一项长期的基本国策。

2. 试述中国实行对外开放的必要性。（论述）

中国实行对外开放，既是国内经济和社会发展的需要，也是整个国际社会发展的需要。

第一，对外开放是适应生产社会化程度不断提高的需要。随着生产力的发展，中国的生产社会化程度在不断提高，生产国际化成为必然，这需要中国在对内开放的同时实行对外开放。

第二，对外开放是适应市场经济发展和完善的需要。市场经济本质上是开放经济，市场经济要充分发挥配置资源的决定性作用，必须在统一国内市场的同时放开市场。

第三，对外开放是适应经济发展水平不断提高的需要。一国经济发展水平的提高离不开充足的和高质量的诸如自然资源、劳动力、资本和技术进步等各种生产要素，但任何一个国家尤其是发展中国家不可能拥有自己发展经济所必需的一切生产要素，通过对外开放引进自己国家发展经济所必需的生产要素，将会极大地促进经济发展水平的提高。

第四，对外开放是适应经济全球化的客观需要。

第五，对外开放是适应当代世界经济、科技发展的需要。

3. 在经济全球化发展进程中，中国于**2001 年 12 月 11 日正式加入世界贸易组织**，2006 年 12 月 11 日，中国加入世界贸易组织过渡期基本结束，对外开放进入新的阶段。

4. **试述经济全球化背景下中国对外开放面临的机遇和挑战。(论述)**

经济全球化是一柄“双刃剑”，在这一大背景下，中国的对外开放可谓机遇与挑战并存。

第一，对外贸易规模有望日益扩大，贸易环境有望日益改善，但贸易条件恶化和贸易摩擦频频出现也不容忽视。

第二，引进国外先进技术获得“后起者优势”，有助于促进国内高新技术产业发展，却容易造成对发达资本主义国家的技术依赖。

第三，引进外资能够弥补国内经济发展所需资金的不足，却影响和制约了国内民族产业的发展和经济结构的调整。

5. **简述独立自主与自力更生的关系。(简述)**

(1) 对外开放与独立自主、自力更生是辩证统一的关系，其哲学依据是内因和外因辩证关系的原理。独立自主、自力更生是中国经济发展的立足点和根本基点，坚决反对外部势力干涉中国内部事务。但是，中国的发展离不开世界，世界的发展也需要中国。任何国家闭关锁国搞建设都是不能成功的，需要广泛的交流、学习。

(2) 对外开放与独立自主、自力更生相辅相成、互相促进。正确处理好对外开放与独立自主、自力更生的关系，实际就是正确处理好从国外进口商品、引进技术设备与保护民族工业的关系。也就是说，在对外开放中，既欢迎外商投资，并带来先进技术、设备和管理方式，又必须防止国民经济命脉和盈利的行业被它们所控制，要努力提高民族工业水平。

小笔记

本章易考点

1. 实行对外开放，是中国一项长期的基本国策。

2. 经济全球化是一柄“双刃剑”，在这一大背景下，中国的对外开放机遇与挑战并存。

考点 047 对外开放的基本形式与战略格局

【★★二级考点，单选、多选、简答】

1. 我国经过 30 多年的实践逐步形成了经济特区—沿海开放城市—沿海经济开发区—沿边、沿江和内陆中心城市的全方位、多层次、宽领域的具有中国特色的对外开放战略格局。

2. 经济特区的主要特点：经济发展以吸引和利用外资为主。经济活动主要面向国际市场，生产以外销为主。所有制结构以“三资企业”为主。

3. 引进国外的先进技术必须坚持的原则有：

（1）国外先进技术的引进必须有利于提高国内的经济效益。

（2）必须把国外先进技术的引进和独创结合起来，在学习和消化国外先进技术的基础上结合中国实际，加以改进和创新。

（3）引进国外先进技术必须注意保护国内民族产业的发展。

4. 中国对外开放的形式很多，其基本形式主要有五种：

第一，对外贸易。对外贸易是指一个国家（地区）与其他国家（地区）之间的商品交换活动，主要由进口和出口两部分组成，因此对外贸易亦被称作“进出口贸易”，简称“外贸”。

第二，对外资金交流。对外资金交流包括引进外资和对外投资两部分。引进外资主要有间接投资和直接投资两种方式。

第三，对外技术交流。对外技术交流包括引进技术和输出技术。

第四，对外承包工程和国际劳务合作。

第五，发展国际旅游业。国际旅游业是指通过为外国旅游者提供服务劳动而创造收入的行业，主要包括旅馆业、饮食业、交通客运业、旅行社与游览娱乐业等。

本章易考点

1. 中国对外开放的五种基本形式：对外贸易、对外资金交流、对外技术交流、对外承包工程和国际劳务合作、发展国际旅游业。

2. 经济特区的所有制结构以“三资企业”为主。

考点 048　全面提高对外开放水平

小笔记

【★三级考点，单选】

1. 实施市场多元化战略，扩大商品和服务贸易，主要表现在两个方面。

第一，坚持以质取胜和科技兴贸。这是扩大贸易，提高出口商品和服务竞争力的重要手段。

第二，优化对外贸易结构。继续稳定和拓展外需，加快转变外贸发展方式，推动外贸发展从规模扩张向提高质量效益转变，从成本优势向综合竞争优势转变。

本章易考点

实施市场多元化战略主要表现在两个方面：坚持以质取胜和科技兴贸、优化对外贸易结构。

PART 4 难点回顾

- 中国实行对外开放的必要性。
- 经济全球化背景下中国对外开放面临的机遇和挑战。
- 对外开放与独立自主、自力更生的辩证统一关系。
- 中国对外开放的基本形式。
- 实施市场多元化战略的主要表现。
- 进一步完善区域开放格局。

过考百科

"引进来"与"走出去"

我们必须坚持对外开放的基本国策，把"引进来"和"走出去"更好地结合起来，扩大开放领域，优化开放结构，提高开放质量，完善内外联动，互利共赢、安全高效的开放型经济体系，形成经济全球化条件下参与国际经济合作和竞争的新优势。

我国"走出去""引进来"的双向开放将向纵深发展。一方面，"引进来"是我们经济社会发展的需要；另一方面，"走出去"是党中央、国务院根据经济全球化新形势和国民经济发展的内在需要做出的重大决策，是发展开放型经济、全面提高对外开放水平的重大举措，是实现我国经济与社会长远发展、促进与世界各国共同发展的有效途径。

PART 5 真题演练

一、单选题

1.【2018 年 10 月】在对外开放中，引进和输出技术属于（　　）

A. 进出口货物贸易　　B. 对外资金交流

C. 对外技术交流　　D. 国际劳务合作

2.【2017 年 4 月】现代国际贸易理论建立的基础是（　　）

A. 绝对优势理论　　B. 比较优势理论

C. 产业内贸易理论　　D. 产品生命周期理论

3. △【2014 年 7 月】属于区域经济联盟的组织是（　　）

A. 世界贸易组织　　B. 八国集团首脑会议

C. 国际货币基金组织　　D. 亚太经合组织

4. △【2015 年 4 月】我国正式加入世界贸易组织是在（　　）

A. 1956 年　　B. 1979 年　　C. 2001 年　　D. 2006 年

5. △【2015 年 4 月】我国经济特区的所有制结构以（　　）

A. 国有企业为主　　B. 集体企业为主

C. 民营企业为主　　D. 三资企业为主

6.【2013 年 10 月】对外开放作为我国推进现代化的一项重大决策是（　　）

A. 临时性的策略　　B. 阶段性的举措

C. 长期的基本国策　　D. 局部性的发展战略

7. △【2014 年 4 月】我国实行对外开放的基础和主要形式是（　　）

A. 对外贸易　　B. 对外资金交流

C. 对外技术交流　　D. 国际劳务合作

8.【2013 年 4 月】对外开放和独立自主、自力更生是（　　）

A. 有矛盾的　　B. 根本对立的

C. 完全一致的　　D. 相辅相成、互相促进的

本章易错题

单选 3、4、5、7，需要牢牢掌握知识点，认真审题，避免作答失误。

△表示为高频考点。

二、主观题

1. 试述中国实行对外开放的必要性。

2. 试述经济全球化背景下中国对外开放面临的机遇和挑战。

PART 6 答案解析

一、单选

1. 答案：C

解析：对外技术交流。对外技术交流包括引进技术和输出技术。引进技术，从广义上讲，是指一切把外国先进科学技术转移到国内来的形式；从狭义上讲，是指技术专利和智能的引进。

2. 答案：B

解析：现代国际贸易理论都是建立在比较优势理论的基础上的。

3. 答案：D

解析：在全球众多区域经济联盟中，影响较大的主要有：欧洲联盟、北美自由贸易区、亚太经合组织等。亚太经合组织在推动区域和全球范围的贸易投资自由化和便利化、开展经济技术合作方面不断取得进展，为加强区域经济合作、促进亚太地区经济发展和共同繁荣等方面发挥了不可替代的作用。

4. 答案：C

解析：在经济全球化发展进程中，中国于 2001 年 12 月 11 日正式加入世界贸易组织。

5. 答案：D

解析：直接投资是指外国资本向东道国直接从事生产及其他经营活动的一种投资，主要包括外商独资企业、中外合资经营企业和中外合作经营企业，简称“三资企业”。

6. 答案：C

解析：实行对外开放，是中国推进现代化建设的一项重大决策，也是中国一项长期的基本国策。

7. 答案：A

解析：对外贸易成为当前中国对外开放的主要形式和基础。

8. 答案：D

解析：对外开放与独立自主是中国经济发展的两大动力，是外因与内因的结合，相辅相成，共同推动社会向前发展。

二、主观题

1. 试述中国实行对外开放的必要性。

答：

中国实行对外开放是适应生产社会化程度不断提高的需要。

中国实行对外开放是适应市场经济发展和完善的需要。

中国实行对外开放是适应经济发展水平不断提高的需要。

中国时实行对外开放是适应经济全球化的客观需要。

中国实行对外开放是适应当代世界经济、科技发展的需要。

2. 试述经济全球化背景下中国对外开放面临的机遇和挑战。

答：

（1）对外贸易规模有望日益扩大，贸易环境有望日益改善，但贸易条件恶化和贸易摩擦频频出现不容忽视。

（2）引进国外先进技术获得“后起者优势”，有助于促进国内高新技术产业发展，却容易造成对发达资本主义国家的技术依赖。

（3）引进外资能够弥补国内经济发展所需资金的不足，却影响和限制了国内民族产业的发展和经济结构的调整。

恭喜你完成了第十二章的学习，全书章节已完成13/13。奋斗者在汗水汇集的江河里，将事业之舟驶到了理想的彼岸。在此，记录下你的学习心得吧。

附　录

2019年4月高等教育自学考试全国统一命题考试

政治经济学(财经类)(课程代码　00009)

一、单选题(共20题，总分值20分 在每小题列出的四个备选项中只有一个是符合题目要求的，请将其选出。未选、错选均无分。)

1. 构成社会生产过程的四个环节是（　　）(1分)

A. 生产、分配、交换、消费　　B. 生产、管理、交换、分配

C. 生产、劳动、交换、消费　　D. 生产、交换、分配、投资

2. 商品经济成为占支配地位的经济形式，始于（　　）(1分)

A. 奴隶社会　　B. 封建社会

C. 资本主义社会　　D. 社会主义社会

3. 商品价值（　　）(1分)

A. 构成社会财富的物质内容　　B. 是交换价值的基础

C. 是使用价值的物质承担者　　D. 反映商品的自然属性

4. 社会劳动生产率提高后，统一劳动在一定时间内创造的（　　）(1分)

A. 价值总量不变　　B. 使用价值总量不变

C. 价值总量增加　　D. 使用价值总量减少

5. 在1只绵羊=2把斧头的简单价值形式中，等式右端的斧头（　　）(1分)

A. 是价值被表现的商品　　B. 是表现价值的商品

C. 处于及相对价值形式上　　D. 处于主动地位

6. 价值增值过程不外是超过一定点而延长了的价值形成过程，这里的一定点是工人（　　）(1分)

A. 转移生产资料价值所需要的时间　　B. 生产商品使用价值所需要的时间

C. 补偿劳动力价值所需要的时间　　D. 创造剩余价值所需要的时间

7. 从物质形态看，生产资料和劳动力之间的比例是（　　）(1分)

A. 资本价值构成　　B. 资本技术构成

C. 货币资本构成　　D. 商品资本构成

8. 货币资本循环可表示为（　　）(1分)

A. $G—W\cdots P'—G'$　　B. $P\cdots W'—G'\ G—W\cdots P$

C. $W'—G'\ G—W\cdots P\cdots W'$　　D. $W\cdots P\cdots W'—G'\ G—W$

9. 根据社会资本再生产的价值周转方式，用于购买燃料的资本属于（　　）(1分)

A. 固定资本　B. 流动资本　C. 不变资本　D. 可变资本

10. 研究社会资本再生产的出发点是（　　）（1 分）

A. 国民收入　B. 社会总产品　C. 剩余价值　D. 劳动力价值

11. 剩余价值与利润的关系是（　　）（1 分）

A. 剩余价值直接等同于利润　B. 剩余价值是利润的转化形式

C. 剩余价值在量上小于利润　D. 剩余价值是利润的本质

12. 利息的本质是（　　）（1 分）

A. 产业工人创造的剩余价值　B. 借贷资本的所有权收益

C. 职能资本的使用权收益　D. 职能资本家的风险收入

13. 垄断利润的获得只要是通过（　　）（1 分）

A. 自由竞争实现的　B. 市场调节实现的

C. 垄断价格实现的　D. 行政干预实现的

14. 第二次世界大战前，国际垄断同盟的主要形式是（　　）（1 分）

A. 国际卡特尔　B. 国际辛迪加

C. 国际托拉斯　D. 跨国公司

15. 在国家垄断资本主义条件下，垄断资产阶级的总代表是（　　）（1 分）

A. 金融寡头　B. 跨国公司

C. 混合联合公司　D. 资产阶级国家

16. 社会主义市场经济的微观经济主体包括（　　）（1 分）

A. 政府、市场和企业　B. 政府、企业和农户

C. 政府、农户和居民　D. 企业、农户和居民

17. 与内涵型经济增长内容基本一致的是（　　）（1 分）

A. 粗放式经济增长　B. 外延性经济增长

C. 集约型经济增长　D. 跨越式经济增长

18. 在国民经济中处于基础地位的产业是（　　）（1 分）

A. 农业　B. 创造业　C. 建筑业　D. 服务业

19. 社会成员无须支付费用就能够普遍享受的社会保障是（　　）（1 分）

A. 社会保险　B. 社会福利　C. 社会救助　D. 社会优抚

20. 发达资本主义国家之间贸易冲突的内在根源是（　　）（1 分）

A. 在全球化中分工不同　B. 各国经济模式不同

C. 遵循的世界贸易规则不同　D. 各国发展不平衡

二、多选题（共 5 题，总分值 10 分 在每小题列出的五个备选项中至少有两个是符合题目要求的，请将其选出。错选、多选、少选或未选均无分。）

21. 单位商品的价值量与（　　）（2 分）

A. 生产商品的劳动生产率成正比
B. 生产商品的劳动生产率成反比
C. 所包含的社会必要劳动时间成正比
D. 所包含的社会必要劳动时间成反比
E. 劳动生产率和社会必要劳动时间无关

22. 与一次生产过程相比，资本主义简单再生产的特点有（　　）（2 分）
A. 全部资本都是工人创造的
B. 不变足本是资本家创造的
C. 可变资本施工人自己创造的
D. 工人的劳动产品全部归资本家所有
E. 工人的个人消费是资本主义再生产的必要条件

23. 社会主义市场经济的特点和优势有（　　）（2 分）
A. 计划对资源配置其决定性作用
B. 政府直接干预企业的生产经营活动
C. 能够更好发挥计划和市场两种手段的长处
D. 坚持按劳分配为主体、多种分配方式并存
E. 坚持公有制为主体、多种所有制经济共同发展

24. 货币政策的主要措施有（　　）（2 分）
A. 再贴现率　　B. 政府预算　　C. 存款准备金
D. 再贷款利率　　E. 公开市场业务

25. 非关税措施主要包括（　　）（2 分）
A. 进口税　　B. 出口税
C. 进口配额制　　D. “自愿”出口限制
E. 行政手段限制

三、判断题（共 4 题，总分值 20 分）

26. 既有实用价值也是劳动产品的物品一定是商品。（5 分）
27. 相对剩余价值生产是绝对剩余价值生产的起点。（5 分）
28. 社会主义市场经济中的按劳分配通过商品货币形式实现。（5 分）
29. 因为经济发展包含了经济增长，所以经济增长等同于经济发展。（5 分）

四、简答题（共 5 题，总分值 30 分）

30. 简述自然经济的基本特征。（6 分）
31. 为什么说相对过剩人口是资本主义生产方式存在和发展的必要条件？（6 分）
32. 简述垄断没有消除竞争的原因。（6 分）
33. 简述社会主义宏观经济调控的客观要求。（6 分）

34. 简述我国实施“走出去”战略的主要内容。（6 分）

五、论述题（共 2 题，总分值 20 分）

35. 试述社会资本扩大再生产的实现条件。（10 分）

36. 试述经济全球化的主要内容及其发展趋势。（10 分）

2019年10月高等教育自学考试全国统一命题考试

政治经济学(财经类)(课程代码　00009)

一、单选题(共20题，总分值20分 在每小题列出的四个备选项中只有一个是符合题目要求的，请将其选出。未选、错选均无分。)

1. 不同社会形态区分的根本标志是（　　）(1分)

A. 政治制度　　B. 经济制度　　C. 法律制度　　D. 意识形态

2. 以电、电机和内燃机的发明和利用为标志的科技革命是（　　）(1分)

A. 第一次科技革命　　B. 第二次科技革命

C. 第三次科技革命　　D. 第四次科技革命

3. 按一定比例配置社会经济资源是（　　）(1分)

A. 封建社会特有的经济规律　　B. 资本主义社会特有的经济规律

C. 社会主义社会特有的经济规律　　D. 人类社会共有的经济规律

4. 要解决商品使用价值和价值的矛盾，只有通过（　　）(1分)

A. 生产　　B. 交换　　C. 分配　　D. 消费

5. 用来偿还债务的货币所执行的职能是（　　）(1分)

A. 价值尺度　　B. 流通手段　　C. 贮藏手段　　D. 支付手段

6. 剩余价值率可表示为（　　）(1分)

A. 不交资本/剩余价值　　B. 剩余价值/不变资本

C. 剩余劳动时间/必要劳动时间　　D. 必要劳动时间/剩余劳动时间

7. 商品资本的职能是（　　）(1分)

A. 购买生产资料　　B. 购买劳动力

C. 实现剩余价值　　D. 生产剩余价值

8. 酒类发酵、木材干燥所需要的时间属于（　　）(1分)

A. 劳动时间　　B. 正常停工时间

C. 生产资料储备时间　　D. 自然力独立作用于劳动对象的时间

9. 既属于不变资本又属于流动资本的是（　　）(1分)

A. 原料燃料　　B. 机器设备　　C. 劳动力　　D. 厂房

10. 平均利润形成后，市场价格的波动中心是（　　）(1分)

A. 生产成本　　B. 成本价格　　C. 生产价格　　D. 垄断价格

11. 土地的资本主义经营垄断是（　　）(1分)

A. 级差地租产生的条件　　B. 级差地租产生的原因
C. 绝对地租产生的条件　　D. 绝对地租产生的原因

12. 跨部门多样化经营的垄断组织是（　　）（1分）
A. 卡特尔　　B. 托拉斯　　C. 短期价格协定　　D. 混合联合公司

13. 私人垄断资本主义向国家垄断资本主义转化，从根本上说（　　）（1分）
A. 是资本主义基本矛盾缓和的结果
B. 是资本主义基本矛盾激化的产物
C. 超出了资本主义生产关系的范围
D. 改变了垄断资本主义的实质

14. 资本主义发展的历史趋势是（　　）（1分）
A. 市场经济取代计划经济　　B. 社会主义取代资本主义
C. 商品经济取代产品经济　　D. 社会主义在全世界同时实现

15. 以生产资料私人占有和雇佣劳动为基础的经济是（　　）（1分）
A. 国有经济　　B. 集体经济　　C. 私营经济　　D. 个体经济

16. 社会主义市场经济（　　）（1分）
A. 完全由计划调节和配置社会资源
B. 完全由市场自发调节和配置社会资源
C. 是计划经济为主市场调节为辅的经济
D. 是市场在资源配置中起决定性作用和更好发挥政府作用的经济

17. 共享发展是全面建成小康社会的（　　）（1分）
A. 第一动力　　B. 外部条件　　C. 开放理念　　D. 本质要求

18. 对需要淘汰的产业实行限制措施属于（　　）（1分）
A. 产业结构政策　　B. 产业组织政策
C. 产业技术政策　　D. 产业引进政策

19. 提高利息率能（　　）（1分）
A. 扩大信贷规模　　B. 抑制通货膨胀
C. 增加出口数量　　D. 刺激企业投资

20. 经济全球化过程中居于主导地位的是（　　）（1分）
A. 发达资本主义国家　　B. 发展中国家
C. 社会主义国家　　D. 新型经济体

二、多选题（共5题，总分值10分 在每小题列出的五个备选项中至少有两个是符合题目要求的，请将其选出。错选、多选、少选或未选均无分。）

21. 发达商品经济（　　）（2分）
A. 又称市场经济　　B. 始于原始社会后期

C. 始于资本主义社会

D. 建立在社会化大生产基础之上

E. 以个体私有制和个体劳动为基础

22. 社会资本扩大再生产的前提条件有（　　）（2 分）

A. Ⅰ(v＋m)＞Ⅱc

B. Ⅱ(c＋m－m/x)＞Ⅰ(v＋m/x)

C. Ⅰ(v＋△v＋m/x)＝Ⅱ(c＋△c)

D. Ⅰ(c＋v＋m)＝Ⅰ(c＋△c)＋Ⅱ(c＋△c)

E. Ⅱ(c＋v＋m)＝Ⅰ(v＋△v＋m/x)＋Ⅱ(v＋△v＋m/x)

23. 垄断资本主义阶段的银行垄断资本（　　）（2 分）

A. 是普通的信贷中介人

B. 是资本主义经济生活万能的垄断者

C. 通过金融活动决定企业的命运

D. 通过银行业的集中和竞争而形成

E. 通过发放贷款控制企业的生产经营

24. 下列措施属于财政政策的有（　　）（2 分）

A. 减少税收

B. 扩大政府支出

C. 增加个人可支配收入

D. 降低存款准备率

E. 中央银行买进政府债券

25. 我国提高利用外资的质量和水平需要（　　）（2 分）

A. 优化结构，引导外资投资方向

B. 推动引资、引技、引智有机结合

C. 鼓励外资参与境内企业兼并重组

D. 提高利用外资的综合优势和总体效益

E. 优化投资软环境，保护投资者合法权益

三、辨析题（判断对错，并说明理由。本大题共 4 小题，每小题 5 分，共 20 分。）

26. 原始氏族组织中的生产劳动直接表现为社会劳动。（5 分）

27. 社会总产品的构成是研究社会资本再生产的核心问题。（5 分）

28. 竞争是垄断资本主义的经济实质。（5 分）

29. 发展中国家是经济全球化的主要受益者。（5 分）

四、简答题：本大题共 5 小题，每小题 6 分，共 30 分。

30. 为什么说商品价格与价值不一致并不违背价值规律？（6 分）

31. 简述绝对剩余价值生产与相对剩余价值生产的区别。（6 分）

32. 简述资本主义经济危机的双重作用。（6 分）

33. 简述社会主义社会实行按劳分配的客观必然性。（6 分）

34. 简述社会保障制度的一般特征。（6 分）

五、论述题：本大题共 2 小题，每小题 10 分，共 20 分。

35. 试述剩余价值是如何在资本主义社会各个剥削集团之间分割的。（10 分）

36. 试述社会主义市场经济中政府和市场的关系。（10 分）

2019 年 4 月高等教育自学考试全国统一命题考试
参考答案

一、单选题（共 20 题，总分值 20 分 在每小题列出的四个备选项中只有一个是符合题目要求的，请将其选出。未选、错选均无分。）

1. 答案：A

解析过程：政治经济学研究的生产关系，是人们在生产资料所有制基础上形成的，并在社会生产过程中发生的生产和分配、交换、消费诸关系的总和。社会生产过程是生产和分配、交换、消费四个环节构成的辩证统一的运动过程。所以正确答案是 A。

2. 答案：C

解析过程：在奴隶社会和封建社会漫长的时期内，自然经济占据统治地位，商品经济始终处于从属地位。只有到了资本主义社会，商品经济才发展成为占支配地位的经济形式。所以正确答案是 C。

3. 答案：B

解析过程：商品交换的比例取决于商品价值的大小。一件商品只有在具有价值的情况下，才有和其他商品进行交换的可能。因此，价值是交换价值的基础，交换价值是价值的表现形式。所以正确答案是 B。

4. 答案：A

解析过程：社会劳动生产率提高了，单位时间内所生产的商品数量就会增多，生产单位商品所耗费的社会必要劳动时间就会减少，从而单位商品中所包含的价值量也就会降低，所以统一劳动在一定时间内创造的价值总量是不变的。所以正确答案是 A。

5. 答案：B

解析过程：等式左端的商品“绵羊”处于主动地位，通过交换，它的价值在石斧这一商品上相对地表现出来，是价值被表现的商品，处在相对价值形式上。等式右端的商品“石斧”，处于被动地位，被用来充当表现绵羊价值的材料，用它自身的使用价值去表现“绵羊”的价值。石斧称作个别等价物，处于等价形式上。所以正确答案是 B。

6. 答案：C

解析过程：价值增值过程不外是超过一定点而延长了的价值形成过程，这个一定点就是工人补偿劳动力价值所需要的劳动时间。所以正确答案是 C。

7. 答案：B

解析过程：从物质形态看，资本是由一定数量的生产资料和劳动力构成的，它们之间的比例是由生产技术水平决定的，这种反映生产技术水平的生产资料和劳动力之间的比例，称作资本的技术构成。所以正确答案是B。

8. 答案：A

解析过程：产业资本有三种循环形式，即货币资本循环、生产资本循环、商品资本循环。货币资本的循环：G—W…P…W′—G’；生产资本的循环：P…W′—G′·G—W…P；商品资本的循环：W′—G′·G—W…P…W′。所以正确答案是A。

9. 答案：B

解析过程：划分固定资本和流动资本的根据是，生产资本不同部分在资本运动中的价值周转方式。固定资本是投在厂房、机器、设备等劳动资料上的那部分生产资本。流动资本是投在原料、材料、辅助材料上以及资本家用于购买劳动力的那部分资本。所以正确答案是B。

10. 答案：B

解析过程：社会资本再生产就是整个社会范围内的总的资本再生产。分析资本主义再生产，研究社会总产品的实现问题，是从社会资本的角度来考察资本运动的。既然社会资本的运动包括生产消费和个人生活消费两个方面，因而考察社会资本的运动就应以社会总产品为出发点。所以正确答案是B。

11. 答案：D

解析过程：利润和剩余价值本来是一个东西，但是二者又不是可以直接等同的，剩余价值是相对于可变资本而言的，利润是相对于全部预付资本而言的。剩余价值是利润的本质，利润是剩余价值的表现形态或转化形式。所以正确答案是D。

12. 答案：A

解析过程：利息就是借贷资本家由于让渡资本使用权而取得的报酬，是由职能资本家支付的。但是，利息在本质上是产业工人所创造的剩余价值，是剩余价值的转化形式。所以正确答案是A。

13. 答案：C

解析过程：垄断利润是指垄断组织凭借其在生产和流通中的垄断地位而获得的大大超过平均利润的高额利润，它主要是通过垄断价格来实现的。所以正确答案是C。

14. 答案：A

解析过程：国际垄断同盟是指垄断资本主义各国的一些大垄断组织，为了保证各自获得高额垄断利润，通过订立协定，划分世界市场而结成的国际性垄断经济联盟。第二次世界大战前，国际垄断同盟的形式有国际卡特尔、国际辛迪加和国际托拉斯，其中国际卡特尔是主要形式。第二次世界大战后，国际垄断同盟有的新的发展，一是跨国公司取代国际卡特尔成为国际垄断组织的主要形式，二是出现了由国家出面组成的国际垄断同盟。所以正确答案是A。

15. 答案：D

解析过程：国家垄断资本主义代表的是垄断资产阶级整体利益。在国家垄断资本主义条件下，资产阶级国家成为垄断资产阶级的总代表，理想的总资本家。所以正确答案是D。

16. 答案：D

解析过程：经济主体的微观活动是市场调节的基础，也是市场运行的微观基础。在社会主义市场经济中，微观经济主体包括企业、农户和居民，它们通过市场联结在一起。所以正确答案是D。

17. 答案：C

解析过程：按照粗放型的经济增长和集约型的经济增长来区分不同的经济增长方式。粗放型经济增长与外延型经济增长的内容基本一致，集约型经济增长与内涵型经济增长的内容基本一致。所以正确答案是C。

18. 答案：A

解析过程：在我国，农业对于经济发展有着特殊重要的作用。尽管农业在国民经济中所占的比重呈现不断下降的趋势，但这丝毫不影响农业的重要地位和作用。农业是国民经济的基础。所以正确答案是A。

19. 答案：B

解析过程：社会福利的特点是，社会全体成员或一部分符合条件的社会成员都能够享受的，它是社会成员的一种权利，而且在享受社会福利的时候并不需要社会成员有相应的付出。所以正确答案是B。

20. 答案：D

解析过程：发达资本主义国家发展的不平衡是贸易冲突的内在根源。资本主义经济政治发展的不平衡，使各发达资本主义国家的贸易发展也不平衡，各国相对实力的变动必然导致各国在世界市场所占比例的变动。所以正确答案是D。

二、多选题（共5题，总分值10分 在每小题列出的五个备选项中至少有两个是符合题目要求的，请将其选出。错选、多选、少选或未选均无分。）

21. 答案：A，C，E

解析过程：资本主义简单再生产是指资本家把剩余价值全部用于个人消费，生产只是在原有规模上重复进行的资本主义再生产。其特点：(1) 资本家付给工人的工资，即用来购买工人劳动力的可变资本，是工人自己创造的。工人不仅为自己创造了工资，还为资本家创造了剩余价值。(2) 不仅可变资本是工人创造的，而且全部资本都是工人创造的。(3) 工人的个人消费是为资本家再生产劳动力的必要条件，本质上也是资本主义再生产的一个必要条件。所以正确答案是ACE。

22. 答案：C，D，E

解析过程：作为同社会主义基本制度相结合的经济体制，社会主义市场经济除了具有市场经济的一般特征之外，还在社会主义基本制度的影响和制约下，具有新的特点和优势。第一，在所有制结构上，坚持以公有制为主体，多种所有制经济共同发展。第二，在分配制度上，坚持按劳分配为主体，多种分配方式并存，把按劳分配和按生产要素分配结合起来。第三，在宏观调控上，能够把人民的当前利益与长远利益、局部利益和整体利益结合起来，更好地发挥计划和市场两种手段的长处。为加快完善社会主义市场经济体制，党的十八届三中全会提出了使市场在资源配置中起决定性作用和更好发挥政府作用的论断。所以正确答案是CDE。

23. 答案：A，C，D，E

解析过程：货币政策的主要措施有：（1）再贷款利率；（2）存款准备金；（3）再贴现；（4）公开市场业务。所以正确答案是ACDE。

24. 答案：C，D，E

解析过程：非关税措施是指除关税之外，政府用来限制贸易的其他所有措施和手段，非关税措施种类繁多，主要有：进口配额制、“自愿”出口限制、行政手段限制进口等。所以正确答案是CDE。

25. 答案：B，C

解析过程：单位商品的价值量与包含在商品中的社会必要劳动量（即劳动时间）成正比，与生产该商品的劳动生产率成反比。所以正确答案是BC。

三、判断题（共4题，总分值20分）

26. 答案：错

解析过程：因为商品是用来交换的劳动产品，包含使用价值和价值两个因素，是使用价值和价值的矛盾统一体，体现着一定的社会生产关系，是一个历史的范畴。既有使用价值也是劳动产品的物品如果没有用来交换也不是商品。所以该题说法错误。

27. 答案：错

解析过程：绝对剩余价值生产和相对剩余价值生产是生产剩余价值的两种基本方法，它们既有联系又有区别。绝对剩余价值生产是资本主义剥削的一般基础，也是相对剩余价值生产的起点。所以该题说法错误。

28. 答案：对

解析过程：在没有商品货币关系的条件下，按劳分配借助于劳动证书或劳动券的形式来实现。但在社会主义市场经济条件下，价值、价格、货币、市场等范畴和关系同时存在，按劳分配必须借助于商品货币形式来实现。每个社会成员向社会提供的劳动首先要通过商品交换得到价值形式的货币，再用货币从市场上购买自己所需要的商品。所以该题说法正确。

29. 答案：错

解析过程：因为经济增长就其内涵来说，反映的只是经济总量的增长，只要是经济总量增加了，也就实现了经济增长。因此，单就这一个指标来衡量经济活动的情况是有局限性的。因为这一指标不能反映经济增长过程中经济结构优化升级的情况，不能反映经济增长过程中经济效益的变动情况，不能反映经济增长过程中经济质量提高的情况。只是用经济增长的指标来反映经济活动的状况，容易导致片面追求数量增长的倾向。所以该题说法错误。

四、简答题（共5题，总分值30分）

30. 答案：

自然经济的基本经济特征是：(1) 自然经济是与低下的社会生产力水平相适应的经济形式。(2) 自然经济是一种自给自足的封闭性经济。(3) 自然经济是直接的劳动交换和经济联系形式。

31. 答案：

(1) 由于相对过剩人口的存在所形成的产业后备军，使资本主义生产的发展随时都能获得可榨取的劳动力。在资本主义生产发展的周期中，产业后备军就像一个储存劳动力的“蓄水池”，可以随时调节资本对劳动力的需求。

(2) 由于相对过剩人口的存在，资本家还可以加强对在业工人的剥削。大量过剩人口使资本家不仅可以从市场上购买到更廉价的劳动力，而且可以压低在业工人的工资，迫使他们提高劳动强度或接受其他种种苛刻条件等。

32. 答案：

在垄断资本主义阶段，垄断取代竞争成为资本主义经济生活的基础，但垄断并没有消除竞争，而是与竞争并存，并使竞争更加复杂和尖锐。垄断并没有消除竞争的原因在于：

(1) 垄断是商品经济的产物，只要商品经济存在，竞争就必然存在。垄断没有也不可能消除以资本主义私有制为基础的商品经济，竞争不可避免。

(2) 垄断组织不可能囊括所有的生产部门和企业。在垄断组织占统治地位的条件下，还存在着大量非垄断的“局外企业”。这些“局外企业”之间，以及它们和垄断企业之间势必会展开激烈的竞争。

(3) 为了各自利益，各个垄断组织和垄断资本家之间也始终存在着竞争。

33. 答案：

宏观经济调控的客观要求主要有以下几点：

(1) 宏观经济调控是社会化大生产发展的客观要求。社会化大生产发展从两个方面要求对经济活动进行宏观调控。一是社会化大生产的顺利进行要求各部门、各产业之间保持合理的比例关系，二是在社会化大生产的条件下，通过宏观调控来为经济发展创造各种基础条件。

（2）宏观调控是弥补市场缺陷的需要。市场对经济活动的调节有优势，但也存在不足。一是市场并不是对所有的经济活动都能够起到有效的调节作用，二是市场在对经济活动进行调节的时候会带来一些副作用。

（3）宏观调控是充分发挥国家经济职能的需要。在现代经济发展中，国家对内、对外的经济职能都在进一步强化。

34. 答案：

全面提高对外开放的水平，不仅要“引进来”，而且还必须“走出去”，坚持“引进来”和“走出去”相结合。“走出去”战略是指到境外去投资办厂，与其他国家进行经济技术合作。“走出去”战略的主要内容是：

（1）按照市场导向和企业自主决策原则，引导各类所有制企业有序开展境外投资合作。

（2）鼓励企业参与境外基础设施建设和产能合作，推动铁路、电力、通信、工程机械以及汽车、飞机、电子等中国装备走向世界，促进冶金、建材等产业对外投资。

（3）实行以备案制为主的对外投资管理方式，扩大出口信用保险规模，对大型成套设备出口融资应保尽保，拓宽外汇储备运用渠道。

（4）加快完善对外投资法律法规制度，健全金融、信息、法律、领事保护服务，注重风险防范，提高海外权益保障能力，维护中国海外权益。

五、论述题（共2题，总分值20分）

35. 答案：

对社会资本扩大再生产实现过程的考察，揭示了社会资本扩大再生产的三个实现条件：

（1）第一部类原有的可变资本价值，加上追加的可变资本价值，再加上本部类资本家用于个人消费的剩余价值，三者之和应当等于第二部类原有的不变资本价值和追加的不变资本价值之和。这是社会资本扩大再生产的基本实现条件。

（2）第一部类全部产品的价值，必须等于两大部类原有的不变资本价值和追加的不变资本价值之和。

（3）第二部类全部产品的价值，必须等于两大部类原有的可变资本价值、追加的可变资本价值，以及资本家用于个人消费的剩余价值之和。

社会资本扩大再生产的实现条件，反映了在扩大再生产过程中，社会生产和社会消费之间的密切联系。第一部类积累和扩大再生产的规模，决定第二部类的积累和扩大再生产的规模；第二部类的积累和扩大再生产，又对第一部类的积累和扩大再生产起制约作用。也就是说，只有社会生产的两大部类之间和各部类内部，以及积累基金和消费基金之间，都保持适当的比例关系，社会资本的扩大再生产才能顺利进行。

36. 答案：

（1）经济全球化的主要内容包括：

①生产全球化，是指随着科学技术的发展和高精尖产品及工艺技术的出现，生产领域的国际分工和协作得到进一步增强，形成了全球性的生产体系，各国的生产活动成为全球生产体系的有机组成部分。

②贸易全球化，是指随着科学技术的发展、劳动生产率的提高和各国对外开放程度的扩大，国际贸易在范围、规模、程度等方面迅速增长，形成了全球性的贸易体系。

③资本全球化是指随着科学技术的发展和各国对外开放程度的提高，资本在国际的流动速度加快、数量剧增，形成了全球性的金融市场。

（2）经济全球化的发展趋势主要表现为：

①跨国公司不断推动经济全球化向纵深发展。

②自由贸易区，关税同盟，共同市场，经济同盟，完全一体化等区域经济集团化成为经济全球化的重要表现形式。

③国际经济协调推动经济全球化的作用不断增强。

2019 年 10 月高等教育自学考试全国统一命题考试
参考答案

一、单选题（共 20 题，总分值 20 分 在每小题列出的四个备选项中只有一个是符合题目要求的，请将其选出。未选、错选均无分。）

1. 答案：B

解析过程：社会经济制度的不同是区分不同社会形态的根本标志。

2. 答案：B

解析过程：以电、电机和内燃机的发明和利用为标志的第二次科技革命，实现了电能与机械能等各种形式能量之间的相互转化，推动了生产规模的进一步扩大和生产社会化程度的进一步提高。

3. 答案：D

解析过程：按一定比例配置社会经济资源是人类社会共有的经济规律，在任何历史条件下都会存在并发生作用，但这并不意味着不同的社会历史发展阶段，这一规律借以实现的形式是一样的。

4. 答案：B

解析过程：使用价值和价值的矛盾是商品的内在矛盾，必须通过市场交换才能解决。交换成功了，生产者让渡了商品的使用价值实现了价值，消费者支付了商品价值获得了使用价值，商品中使用价值和价值的内在矛盾得到了解决。而一旦交换不成功，商品价值不能实现，使用价值不能进入消费，商品的内在矛盾就表现出来了，商品生产者就会陷入困境。

5. 答案：D

解析过程：随着商品经济的发展，商品的让渡和价值的实现在时间上有时会分离开来，出现赊购、赊销的现象。在赊购到期，以货币来偿还债款时，货币就执行支付手段的职能。

6. 答案：C

解析过程：剩余价值率有两种表示方法：一种是物化劳动表示法，即 m’＝剩余价值/可变资本＝＝m/v。该公式表示在雇佣工人的劳动所创造的价值中，资本家和工人各占多少份额。另一种是活劳动表示法，即 m’＝剩余劳动时间/必要劳动时间。该公式表明，在工人的一个工作日的全部劳动时间中，有多大部分用于补偿劳动力的价值，多大部分用来无偿地为资本家生产剩余价值。

7. 答案：C

解析过程：产业资本循环的第三阶段是销售阶段。在这一阶段，资本采取的是商品资本的形式，商品资本的职能就是实现剩余价值。

8. 答案：D

解析过程：自然力独立作用于劳动对象的时间，在这个时间里，劳动过程全部或者局部地中断，而生产过程继续进行。如农作物的自然生产、酒类的发酵、木材的干燥以及化工产品的化学反应时间等。

9. 答案：A

解析过程：原料燃料既属于流动资本又属于不变资本。

10. 答案：C

解析过程：生产价格形成前，商品价格围绕价值上下波动。生产价格形成后，商品价格就围绕生产价格上下波动。

11. 答案：B

解析过程：土地的资本主义经营垄断是级差地租产生的原因。土地的资本主义经营垄断使农产品的社会生产价格必须由劣等地的生产价格决定，否则会造成劣等地的荒废。

12. 答案：D

解析过程：混合联合公司是一种采取多样化经营方式的跨部门的新型垄断组织。

13. 答案：B

解析过程：私人垄断资本主义向国家垄断资本主义的转化，是资本主义基本矛盾日益激化的必然产物。

14. 答案：B

解析过程：资本主义生产关系的建立，是人类社会发展历史中的一大进步。但是，资本主义剥削制度的存在，以及资本主义基本矛盾尖锐化导致的无法克服的社会痼疾，决定了社会主义取代资本主义是不可逆转的历史趋势。

15. 答案：C

解析过程：私营经济，是指以生产资料私人占有和雇佣劳动为基础，以获取利润为生产经营目的的私有制经济。

16. 答案：D

解析过程：社会主义市场经济体制是社会主义基本制度与市场经济的结合，既具有市场经济的一般特性，也具有自身的特殊性。坚持社会主义市场经济改革方向，核心问题是处理好政府和市场的关系，使市场在资源配置中起决定性作用和更好发挥政府作用。

17. 答案：D

解析过程：共享发展是全面建成小康社会的本质要求。全面小康社会不是一部分人的小康，而是全体人民的小康，是全体人民共同迈入全面小康社会。

18. 答案：A

解析过程：产业结构政策是产业政策的核心部分，它是指按照经济发展的一般规律，以及产业发展的内在联系和变化的趋势，主动地对各产业结构变化实施的各种政策措施。例如，对一些需要得到优先发展的产业，或对国民经济未来发展起着引领作用的产业实行各种优惠政策，以达到加快其发展的目标。同样，对一些需要及时淘汰的产业实行各种限制措施，或给予一定的补贴政策，以加快其淘汰的过程，从而使整个产业结构得到优化和升级。

19. 答案：B

解析过程：利率的变动对物价也会产生一定的影响，所以利率手段也是抑制通货膨胀的一个重要手段。提高利息率能抑制通货膨胀。

20. 答案：A

解析过程：在经济全球化进程中，发达资本主义国家利用其主导地位，极大地享有了经济全球化带来的经济利益。发达资本主义国家是经济全球化的主要受益者。

二、多选题（共5题，总分值10分 在每小题列出的五个备选项中至少有两个是符合题目要求的，请将其选出。错选、多选、少选或未选均无分。）

21. 答案：A，C，D

解析过程：发达商品经济又称市场经济，它是建立在社会化大生产基础上的充分发展的商品生产和交换。当价值规律成为支配社会经济发展的基本规律，进而市场机制在社会资源配置中起基础性作用时，人类的经济活动方式就由简单商品经济阶段进入了发达商品经济阶段。发达阶段的商品经济始于资本主义社会。

22. 答案：A，B

解析过程：社会资本扩大再生产必须具备两个前提条件：

第一，第一部类的可变资本价值与剩余价值之和，必须大于第二部类的不变资本价值。用公式表示如下：Ⅰ(v+m)＞Ⅱc；

第二，第二部类的不变资本与用于积累的剩余价值之和，必须大于第一部类的可变资本与资本家用于个人消费的剩余价值之和。用公式表示如下：

II (c+m−m/x)＞I (v+m/x)。

23. 答案：B，C，D，E

解析过程：垄断资本主义阶段的银行垄断资本是资本主义经济生活万能的垄断者，通过金融活动决定企业的命运，通过银行业的集中和竞争而形成，通过发放贷款控制企业的生产经营。

24. 答案：A，B，C

解析过程：财政政策是宏观调控政策的重要内容，是由财政收入、财政支出、预算平衡、国家债务等方面的政策构成的。财政收入政策主要是由税收政策，包括税种、税率政策构成。财政支出政策主要是由政府各项预算支出政策构成。财政政策是调节社会总供给和总需求平衡的主要政策。赤字财政政策是属于扩张性的财政政策，它通过扩大政府的支出，或者增加企业和个人的可支配收入，或者减少税收来刺激社会总需求的增加，从而达到增加社会总需求的目的。盈余财政政策是属于紧缩性的财政政策，它通过缩减政府的支出，或者减少企业和个人的可支配收入，或者增加税收来抑制社会总需求的增加，从而达到减少社会总需求的目的。

25. 答案：A，B，C，D，E

解析过程：提高利用外资的质量和水平具体来讲有以下几个方面：

第一，进一步优化结构，修订外商投资产业指导目录，引导外资更多投向现代农业、高新技术、先进制造、节能环保、新能源、现代服务业等领域，重点扩大服务业和一般制造业开放，把外商投资限制类条目缩减一半，鼓励投向中西部地区。

第二，进一步丰富方式，鼓励外资以参股、并购等方式参与境内企业兼并重组，促进外资股权投资和创业投资发展，把利用外资与国内经济结构调整、国有企业改组改造结合起来。

第三，引进海外高层次人才和先进技术，鼓励外资企业在华设立研发中心，借鉴国际先进管理理念、制度、经验，积极融入全球创新体系。

第四，优化投资软环境，保护投资者合法权益。修订外商投资相关法律，健全外商投资监管体系，完善法治化、国际化、便利化的营商环境。

第五，有效利用国外优惠贷款和国际商业贷款，完善外债管理。

三、辨析题（共 4 题，总分值 20 分）

26. 答案：正确

解析过程：原始民族组织中不存在商品交换，从而其生产劳动直接表现为社会劳动。

27. 答案：错误

解析过程：研究社会资本再生产的核心问题是社会总产品的实现，只有社会总产品既得到价值补偿，又得到物质替换，整个社会再生产才能顺利进行。

28. 答案：错误

解析过程：垄断是垄断资本主义最本质的、具有决定意义的经济特征，是垄断资本主义的经济实质。

29. 答案：错误

解析过程：发达资本主义国家在世界经济体系中居于主导地位，是经济全球化的主要受益者。

四、简答题（共 5 题，总分值 30 分）

30. 答案：

(1) 从长期看，价格上涨部分和下落部分可以相互抵消，一定时期之内商品的平均价格与价值是相等的，价格与价值趋于一致。

（2）从不同商品各自的价格变动来看，商品的市场价格都是以各自的价值为基础变动的，各种商品之间总有一定的比价。

31. 答案：

（1）它们的物质技术基础不同。绝对剩余价值生产是与生产技术不变或发展缓慢相适应的；相对剩余价值生产是以生产技术的不断变革为条件的。

（2）它们在资本主义发展的各个历史阶段上所起的作用不同。在简单协作阶段，资本家主要采用绝对剩余价值生产方法；机器大工业出现以后，相对剩余价值生产的意义越来越大。

32. 答案：

（1）经济危机造成了社会生产力的极大破坏和社会财富的巨大浪费，加剧了资本主义社会的各种矛盾。

（2）经济危机对经济发展具有强制的、暂时的调节作用，是资本主义经济保持平衡运行的一种特殊的调节机制。

33. 答案：

（1）生产资料社会主义公有制是实行按劳分配的重要前提条件。

（2）社会主义社会的生产力发展水平决定了只能实行按劳分配。

（3）旧的分工还没有消失，劳动还是谋生的手段。

34. 答案：

（1）社会保障体系纳入法制化轨道。

（2）权利与义务相统一，先尽义务，后享受权利。

（3）国家、单位、个人三方共同筹集保障资金。

五、论述题（共2题，总分值20分）

35. 答案：

（1）剩余价值在分割之前，经历了从剩余价值向利润、利润向平均利润的转化。

（2）产业资本参与剩余价值分配所获取的是产业利润。

（3）商业资本参与剩余价值分配所获取的是商业利润。

（4）借贷资本参与剩余价值分配所获取的是利息。

（5）银行资本参与剩余价值分配所获取的是银行利润。

（6）土地所有者参与剩余价值分配所获取的是地租。

36. 答案：

（1）政府与市场是配置资源的两种基本力量，社会主义市场经济的核心问题是处理好政府与市场的关系。

（2）市场决定资源配置是市场经济的一般规律，为了提高资源的配置效率，就要使市场在资源配置中起决定性作用。

(3) 为了弥补市场失灵，还要更好发挥政府作用。科学的宏观调控，有效的政府治理，是发挥社会主义市场经济体制优势的内在要求。

(4) 政府与市场的关系是相辅相成的。只有两者优势互补，协同发力，才能更好地体现社会主义市场经济体制的特色和优势。

参考文献

1. 张雷声. 政治经济学（财经类）[M]. 北京：中国人民大学出版社，2016.

2. 宋涛. 政治经济学教程（第 12 版）[M]. 北京：中国人民大学出版社，2016.

3. 卫兴华，林岗. 马克思主义政治经济学原理（第 4 版）[M]. 北京：中国人民大学出版社，2016.

4. 刘伟，顾海良，张宇，林岗，卫兴华，胡钧，陈享光，谢富胜，杨志，邱海平，丁堡骏，程恩富，何自力，洪银兴，逄锦聚. 当代马克思主义政治经济学十五讲 [M]. 北京：中国人民大学出版社，2016.